Arbeitstexte für den Unterricht

Außenseiter-Geschichten

Für die Sekundarstufe
herausgegeben von
Theodor Karst

Philipp Reclam jun. Stuttgart

Universal-Bibliothek Nr. 15032

Gesamtherstellung: Reclam, Ditzingen. Printed in Germany 1994

ISBN 3-15-015032-9

Inhalt

I. Einleitung

1. Der Begriff »Außenseiter« wurde Ende des 19. Jahrhunderts als Lehnübersetzung des englischen Sportausdrucks »outsider« gebildet. »Outsider« war die Bezeichnung für ein Pferd, auf das nicht gewettet wird, dann auch für einen Sportler, der mit geringen Siegesaussichten an den Start geht.
Im landläufigen Sprachgebrauch wird der Begriff »Außenseiter« in einem psychologisch-soziologischen Verständnis verwendet: Menschen, die in einer Gruppe oder in der Gesellschaft überhaupt durch abweichendes Verhalten als auffällig gelten. Sie verletzen die als normal oder als verbindlich geltenden Normen bewußt oder unbewußt aufgrund eigener Entscheidung, fremder Einwirkung oder objektiver Zwänge. Durch die Normverletzung enttäuschen sie die Verhaltenserwartungen der anderen. Außenseiter können nicht nur Individuen, sondern auch Gruppen innerhalb der Gesellschaft sein (vgl. z. B. Hartfiel ^{4}1993).
Da Normabweichungen oder -verletzungen mit Sanktionen belegt werden, neigen Gruppen dazu, Außenseiter zu bestrafen. Außenseiter werden in besonders deutlicher Weise mit Vorurteilen belegt, Typisierungen unterworfen oder gar mit einem Stigma (Erkennungszeichen) gebrandmarkt.

2. Der Stoff der Literatur ist das Leben. So finden sich wie in der Wirklichkeit auch in der Literatur Außenseiter. Diese einfache Logik des Aufnehmens und Abbildens wird jedoch von dem Interesse der Literatur an dem Ungewöhnlichen, dem Herausragenden, dem Normsprengenden überformt. Die Literatur bringt dem Außenseitertum besondere Beachtung entgegen. Die Betrachtung der Wirklichkeit unter dem Aspekt der Ausnahme ist für Literatur geradezu konstitutiv.
In seiner großen Untersuchung *Außenseiter* (1975) formuliert Hans Mayer: »Literatur gehorcht den Kategorien des Besonderen. Das gilt für die schöpferische Subjektivität und

für die Besonderheit von Form und Gehalt. Sie behandelt stets Ausnahmefälle« (Mayer 1981, S. 13).
Der Ausnahmefall kann produktiv wirken. Normen werden in Frage gestellt, neue Normvorstellungen angebahnt. Freilich sind viele Außenseiter – auch in der Literatur – eher Opfer bestehender als Leitfiguren neuer Verhältnisse. Doch stellen auch die an der Gesellschaft Scheiternden deren Normsystem in Frage und wirken so unter Schmerzen an Veränderungsprozessen mit.
Unter der Zielvorstellung einer humanen und freiheitlichen Gesellschaft setzt Hans Mayer das Außenseiterproblem mit der Aufklärung in Beziehung. »Ob die permanente Aufklärung noch eine Chance hat in der Aktualität und Zukunft, muß an jenen Außenseitern der Gesellschaft demonstriert werden, die als Monstren geboren wurden« (Mayer 1981, S. 11). Außenseiter dieser Art findet er besonders im elisabethanischen Drama ausgeprägt. Auch das antike Theater der Griechen handelt von Außenseitern.
Mayer unterscheidet zwischen »intentionellen und existentiellen Außenseitern« (S. 13 ff.). Die einen sind »willentliche Einzelgänger und Sonderlinge« – bei den Griechen die Helden der Komödien; die anderen finden sich in unlösbaren Konstellationen, es sind die Tragödienfiguren.
Zu einer vergleichbaren Unterscheidung von zwei Grundtypen des Außenseiters kommt Brigitte Neubert in ihrer Untersuchung über den *Außenseiter im deutschen Roman nach 1945*: des freiwillig selbstbestimmten und des unfreiwillig fremdbestimmten Außenseiters (Neubert 1977).

Über alle gesellschaftlichen und individuell begründeten Außenseiterkonstellationen hinaus gibt es auch Außenseiter-Dispositionen, die mit bestimmten Lebensaltern verknüpft sind: Kindheit, Jugend und Alter. Menschen in diesen Altersstufen erfahren sich vielfach als unverstandene, oft auch mißachtete Außenseiter der (Erwachsenen-)Gesellschaft. Das ist literarisch vielfach belegt (vgl. z. B. Karst, Overbeck, Tabbert 1976/77; Richter 1987, Grotzer 1991)

und hat, was Kindheit und Jugend betrifft, besondere Ausprägungen auch in der neueren Kinder- und Jugendliteratur erfahren.
Schon im neueren Bilderbuch wird, wie Ottilie Dinges in ihrer Untersuchung *Kinder am Rand der Gruppe – Außenseiter im Bilderbuch* zeigt, eine breite Palette von Außenseiter-Situationen und -Erfahrungen gestaltet (Dinges 1982). Bereits durch sein entwicklungspsychologisches Anderssein gerät das Kind in eine »transitorische« Außenseiterrolle.
Mit der entschiedenen Hinwendung der erzählenden Kinder- und Jugendliteratur seit den siebziger Jahren zur Wirklichkeit auch in ihren Problemgehalten sind kindliche und jugendliche Randgruppenfiguren in dieses Genre eingezogen. In seiner Untersuchung *Was kann der dicke Eddy nur tun? oder Außenseitermotive in der deutschen Jugendliteratur* zeigt Peter Scheiner, daß mit dieser Außenseitermotivik kritische Funktionen und aufklärerische Intentionen verknüpft werden. »Daß der Außenseiter sein Recht auf Anderssein bewahrt, zeigt sich als der entscheidende neue Zug des Motivs in der neueren problemorientierten Kinder- und Jugendliteratur« (Scheiner 1982, S. 102; vgl. u. a. auch Dahrendorf 1978, Krüger 1980, Koyama 1991).
Eine besonders komplexe literarische Entfaltung der Außenseiterproblematik im Spannungsfeld geschichtlich-gesellschaftlicher Bedingungen und individueller Lebensgefühle auf dem Weg des Erwachsenwerdens stellt der Adoleszenzroman dar. Dieser hebt sich gegen den traditionellen Entwicklungsroman ab, der zur Integration des zumeist männlichen Protagonisten in Lebensgemeinschaften und in die Gesellschaft überhaupt führt. In der umfassenden Darstellung einer Identitäts- und Sinnsuche überschreitet der Adoleszenzroman die auf Teilaspekte gerichteten Begrenzungen problemorientierter Erzählungen.
Durch den autobiographisch-psychologischen Roman *Anton Reiser* (1785–90) von Karl Philipp Moritz im ausgehenden 18. Jahrhundert eindrucksvoll angekündigt, ist der

Adoleszenzroman im 20. Jahrhundert durch Hermann Hesse, Thomas Mann, Robert Musil, Rainer Maria Rilke, Emil Strauß u. a. zu einer charakteristischen Gattung der Erzählkunst geworden.
In der Nachfolge dieser die Totalität jugendlicher Individualität darstellenden Kunst, inspiriert vom angelsächsischen Initiationsroman (Freese 1971), nicht zuletzt durch Jerome D. Salingers *Der Fänger im Roggen* (1951, deutsch 1954), hat der Adoleszenzroman als spezifische Außenseiterdarstellung auch jugendliterarische Ausprägungen gefunden, wobei sich mit ihm besonders deutlich die Tendenz verbindet, die Grenzen zwischen Erwachsenen- und Jugendliteratur aufzuheben oder doch bedeutungsloser werden zu lassen (von Hermanni 1984, Ewers 1989, Grenz 1990).

3. Die vorliegende Sammlung umfaßt 16 Geschichten zum Thema Außenseiter, ausgewählt nach dem Prinzip der Vielfalt und der Konzentration.
Vielfalt wird angestrebt im Blick auf Varianten des Themas. Im begrenzten Rahmen einer kleinen Textsammlung sollen möglichst viele Ausformungen von Außenseitertum vorgestellt werden, so daß ein gewisses Spektrum der Thematik in literarischen Darstellungen sichtbar wird. Ein Anspruch auf Vollständigkeit kann schon wegen der Komplexität der Thematik nicht erhoben werden. Elemente von Außenseitertum sind in vielfältigen Formen und Kombinationen mit Lebensläufen und Lebenssituationen verbunden. In den ausgewählten Texten werden einige Grundformen und Grundkonstellationen außenseiterlicher Existenz aspektweise gestaltet: Kindheit, Jugend, Alter; Behinderte, Ausländer, Fremde, ideologisch Ausgegrenzte, Verfolgte, Strafentlassene; Stigmatisierte, Sonderlinge, Nonkonformisten.
Vielfältig sind auch die Temperamente und Schreibweisen der Autorinnen und Autoren. Neben Texten von schon mehr oder weniger kanonisiertem Rang stehen solche, die im Blick auf junge Leser bewußt einfach formulieren. Vielfalt entsteht auch durch Geschichten von weniger bekannten Autorinnen

und Autoren. Das Thema, in dem sich alle diese unterschiedlichen Zeugnisse treffen, legt es nahe, auch deutsch schreibende ausländische Literaten zu Wort kommen zu lassen.
Beschränkung ist notwendig beim Zeitraum, aus dem die Texte stammen und den sie auch repräsentieren. Mit einer Ausnahme sind alle Texte nach dem Zweiten Weltkrieg entstanden (1946–1991). Sie greifen Außenseiter-Probleme der Gegenwart und ihrer unmittelbaren zeitgeschichtlichen Vergangenheit auf. Nur Stefan Zweigs Erzählung (1901) lenkt den Blick auf den Beginn des 20. Jahrhunderts, läßt die historische Distanz der Lebensumstände bewußt werden, ohne daß dadurch das dort angesprochene Thema als erledigt betrachtet werden könnte.
Die Texte sind chronologisch angeordnet. Daran ist einerseits ein gewisser Wandel der thematischen Aktualität ablesbar. Auch Außenseitertum ist der geschichtlichen Veränderung unterworfen. Manche Aspekte treten mit der Zeit in den Hintergrund, andere erhalten neue Dringlichkeit.
Mit der fortschreitenden eigenen Lebenszeit kann der Leser aber auch entdecken, daß vielleicht nur die Sprache und Darstellungsweise historisch erscheint, der Problemgehalt aber noch und wieder neu gegenwärtig ist oder gar brennende Aktualität gewinnt. Schließlich können die Texte im Blick auf die Frage gelesen werden, ob nicht alle Varianten von Außenseitertum und Fremdsein letztlich den Kern menschlicher Existenz überhaupt umkreisen:

»Fremd bin ich eingezogen, / Fremd zieh ich wieder aus.«
(Wilhelm Müller: *Die Winterreise*)

Alle Texte sind selbständige, kurze, in sich abgeschlossene Erzähltexte. Sie zeigen Außenseiter-Phänomene eher in punktuellen Ereignissen, in blitzlichtartigen Erhellungen. Auf die Fülle der Außenseiterfiguren in längeren Erzählungen, Romanen, (Auto-)Biographien und Dramen kann nur hingewiesen werden.

4. Im folgenden werden die hier versammelten Außenseiter-Geschichten in kurzen Beschreibungen vorgestellt.

4.1. In der Skizze *Ein Verbummelter* beschreibt Stefan Zweig die Schlußphase des Kampfes zwischen einem jungen Menschen und einem Lehrer um die Jahrhundertwende. Wie einzelne, meist hochsensible Jugendliche von einer starren Schule, von autoritären Lehrern in Verzweiflung, in den (Frei-)Tod getrieben werden, hat die Literatur des ausgehenden 19. und beginnenden 20. Jahrhunderts vielfach anklägerisch dargestellt (z. B. C. F. Meyer, A. Holz, F. Wedekind, Th. Mann, E. Strauß, H. Hesse, F. Torberg). Zweigs Protagonist ist ein älterer Schüler, der eigentlich der Schule schon entwachsen sein sollte – ein Verbummelter. Der für Kunst und Literatur interessierte Liebmann ist durch schulisches Versagen, das er einem Lehrer anlastet, »zu dumpfer Apathie erschlafft«. Diesem Lehrer begegnet er mit Haß. Nach einer Auseinandersetzung mit ihm stürzt sich Liebmann in den Tod. Hier wird ein junger Mensch, der den Normen der Schule nicht gerecht wird, zum Außenseiter und schließlich zu ihrem Opfer.

4.2. Max Frischs parabolische Erzählung *Der andorranische Jude* – Kern seines Theaterstücks *Andorra* – zeigt, wie ein Außenseiter durch seine gesellschaftliche Umwelt erzeugt und geformt wird. Die Geschichte verdeutlicht, daß ein Mensch nicht als Außenseiter geboren, sondern zum Außenseiter gemacht wird. »Andorra« als Ort und der Außenseiter »Jude« sind erzählerische Spezifika, die Allgemeines repräsentieren. Die Andorraner schreiben ihrem Juden bestimmte Eigenschaften und Verhaltensweisen zu, sie haben ein »fertiges Bild« von ihm, das es ihnen »erlaubt«, ihn sogar zu töten. Zu spät kommt die Erkenntnis, daß dieser »Jude« ein Andorraner war.

Mit dem zitierten Gebot »Du sollst dir kein Bildnis machen« mahnt die Erzählung, das Lebendige und Unverwechselbare im Menschen nicht zu einem Bild des Fremden erstarren zu lassen.

4.3. Bertolt Brechts Erzählung *Die unwürdige Greisin* hat das Außenseitertum des alten, des älteren, des alternden Menschen zum Thema. Der Titel mag auf heutige Leser in doppelter Weise befremdlich wirken und deshalb vielleicht auch Neugier wecken. Eine Frau von zweiundsiebzig Jahren, die in der beschriebenen Weise aktiv ist, würde ein heutiger Leser kaum als Greisin bezeichnen. Im Sprachgebrauch des ausgehenden 20. Jahrhunderts wäre sie eine Frau im besten Senioren-Alter. In der semantischen Konnotation des Wortes »Greisin« dürfte dagegen die Vereinsamung zum Außenseiter im Alter um so deutlicher hervortreten. Auch das Attribut »unwürdig« würde dem heutigen Leser schwerlich in den Sinn kommen, um das Verhalten und die Aktivitäten der Frau zu charakterisieren. Das Adjektiv gewinnt in dieser Geschichte seine Bedeutung, indem es eine Normabweichung, die Diskrepanz zwischen dem Verhalten der Frau und den Erwartungen ihrer gesellschaftlichen Umwelt bezeichnet. Die Sympathie, mit der das Leben dieser »Greisin« beschrieben wird, verleiht dem Attribut »unwürdig« freilich noch einen Hintersinn, der als Kritik an ebendieser gesellschaftlichen Einschätzung verstanden werden kann.

4.4. Heinrich Bölls frühe Erzählung *Die schwarzen Schafe* (1951, mit dem Preis der Gruppe 47 ausgezeichnet) verweist schon im Titel auf die Außenseiter-Thematik in einem landläufigen Sinne.
In einer Herde weißwolliger Schafe fallen einzelne schwarzfellige Schafe besonders auf. Die Metaphorik der redensartlichen Wendung »das schwarze Schaf« meint einen, der als Übeltäter, als Schuldiger gilt, der seiner Gruppe, z. B. seiner Familie Ungelegenheiten bereitet, der deshalb nicht selten auch verstoßen wird.
In Bölls Text kommt ein solches schwarzes Familienschaf selbst zu Wort. Der Ich-Erzähler sieht sich in einer »Kette der schwarzen Schafe«, die in der Vorstellung der Familie nicht unterbrochen werden kann. »Einer muß es sein, und ich bin es.«

Die Annahme, daß sich in der Familie immer ein schwarzes Schaf finden wird, läßt diesen gesellschaftlichen Kleinverband geradezu als Modell der Gesellschaft insgesamt erscheinen, die auf ihre schwarzen Schafe, ihre Sündenböcke nicht verzichten möchte, vielleicht nicht verzichten kann.
Eine solche Übertragung gehört zu den Verstehensmöglichkeiten des Lesers. Die Geschichte selbst bleibt im Milieu der Familie. In dieser läuft die Traditionskette des schwarzen Schafs offenbar über ein Patenverhältnis. Diese Grundstruktur von Rollenzuweisung, Rollenfunktion und auch Prävention wird bereits im ersten Abschnitt der satirisch erzählten Geschichte entworfen. Die Geschichte kann auch unter dem Aspekt der Spannung von Erwerbszwang und Freiheit gelesen werden.

4.5. Vom alltäglichen Außenseiterdasein eines Kindes handelt die kurze Szene, die Ursula Wölfel in *Hannes fehlt* zeichnet. Am Ende eines Schulausflugs wird Hannes vermißt. Er ist der Unscheinbare, Unauffällige, der aus der Gruppe nicht ausgeschlossen ist, ihr aber auch nicht richtig zugehört. Erst sein Fehlen weckt Interesse für den bisher Unbeachteten. Bei dem Wiedergefundenen entdeckt ein Mitschüler »ganz viele Sommersprossen auf der Nase«. Die hat er zwar »schon immer«, aber erst in der Ausnahmesituation werden sie von den anderen wahrgenommen.

4.6. In seinem *Nachruf auf einen (zu wenig) berühmten Mathematiker* berichtet Christian Marti von einem Menschen, der sein Leben *einer* Aufgabe widmet, sich auf ein spezielles Gebiet konzentriert und sich dadurch vom übrigen Leben absondert. Durch die Erfindung des Computers wird sein Lebenswerk nicht nur überholt, sondern erweist sich auch noch als fehlerhaft.
In der Gestalt des sich ganz einer Aufgabe verschreibenden Wissenschaftlers wird ein einsiedlerhafter Außenseiter gezeichnet, bei dem sich Skurriles mit Tragischem verbindet.

4.7. Mit dem Titel seiner Szenenfolge *Nirgend ein Ort* bringt Hans Joachim Schädlich das Ausgegrenztsein des Außenseiters auf eine topographische Formel.
Der mißgestaltete H. macht Aushilfsarbeiten, wird herumgestoßen, beleidigt, schließlich brutal zusammengeschlagen. Er stirbt an den Folgen der Mißhandlungen.
Ein Behinderter ist hier der Schwache, an dem sich die Aggressivität der anderen austobt. Die Konstellation dieser kurzen und in verknappter Sprache erzählten Szenen zeigt, wie die »Normalen«, die Starken schuldig werden, wenn Solidarität, Mitgefühl mit den Schwachen, wenn Barmherzigkeit fehlt.

4.8. In der essayistischen Skizze *Ein seltener Vogel* zeichnet Kurt Marti das nonkonformistische Verhalten eines Mannes in der Autogesellschaft. Von diesem Außenseiter, der sein Auto verkauft, heißt es in sprachspielerischer Weise, daß er »gegenläufig zur allgemeinen Automobilmachung demobilisiert hat«. Der Autolose nimmt manche Unbequemlichkeit in Kauf. Sein Geld verwendet er »jetzt für gescheitere Dinge, die wirklich Spaß machen, die sinnvoller sind«.
Marti verbindet mit diesem »seltenen Vogel« allerlei gesellschaftskritische und ökologische Überlegungen sowie historische und literarische Reminiszenzen. Der zugfahrende Nicht-Autofahrer gewinnt täglich eine halbe Stunde Zeit für Lektüre. Ein literaturpädagogisch interessantes Modell.

4.9. Globale Dimensionen gewinnt die Außenseiter-Thematik in der eindringlichen Rede *Nimm mich auf* von Hans Ingebrand. Ein Bürger der reichen Industriegesellschaften wird aus dem Schlaf (seiner Sicherheit) gerissen: Eine Gestalt des Hungers und der Not aus der sogenannten Dritten Welt kniet vor ihm und bittet »Nimm mich auf«.
Dieser braune Außenseiter in der weißen Welt ist der Nächste, er repräsentiert die leidende Mehrheit. Mit Fragen, Selbsteinreden eigener Sorgen und Hinweisen auf private und gesellschaftliche Engagements wird die drückende Fülle der Probleme zurückzudrängen gesucht. Doch dringt das

Bild des Draußenstehenden übermächtig in die Welt des Wohlstands ein. Der Schlußabschnitt nimmt das Eingangsbild auf und schließt wie dieses: »Nimm mich auf.«

4.10. *Der Mann vor der Tür* in der Skizze von Ina Rhein steht als Haftentlassener im gesellschaftlichen Abseits. Er versucht, durch Werbung von Zeitschriftenabonnements wieder Fuß zu fassen. Davon hängt seine Resozialisierung ab. Das erzählende Ich gibt dem jungen Mann zwar zu essen, abonniert aber keine Zeitschrift.
Dieser Mann steht wörtlich und metaphorisch »draußen vor der Tür« (Borchert). Auch die Novemberkälte und seine knappe Kleidung verweisen auf diese doppelte Bedeutung. Die Geschichte lädt ein, über Helfen, Art und Zeitpunkt der Hilfe (für einen Außenseiter) nachzudenken.

4.11. *Die Welt im Haigerloh* ist die Welt eines Außenseiters, von dem Theodor Weißenborn erzählt. Dieser Josef Heinen hat ein steifes Bein, ist »scheu und wortkarg, weil er stottert«. »Schon von Kind an nennen ihn alle Stotterjosef.« Von einem gewalttätigen Vater schwer gezeichnet, lebt er, unverheiratet, fünfzig Jahre alt, bei seiner Schwester, die nun todkrank im Krankenhaus liegt.
Dieser durch Herkunft, Erziehung und berufliche Randexistenz Stigmatisierte fährt bei jedem Wetter täglich ins Haigerloh; das ist ein Ödland vor der Stadt, ein »Niemandsland zwischen den Gleisen«. Hierher hat er sich als Kind schon vor dem Vater gerettet, hat kranke und mißhandelte Tiere hier verborgen und gesundgepflegt. Das Haigerloh, »wo noch der Himmel offen«, macht der Behinderte zu einem Asyl für das Leben. Er, der »des Kindes Welt in sich bewahrt«, hat im Dienst an der Kreatur im Haigerloh »das Himmelreich auf Erden schon gefunden«.
Beim Kampf mit dem Streckenwärter, der seine Tiere tötet, trifft er diesen tödlich. Abel erschlägt Kain. Als gemeingefährlich wird er in die geschlossene Abteilung einer Nervenklinik gebracht. Er stirbt innerlich ab. So berührt es ihn nun nicht mehr, wenn um ihn herum Leben vernichtet wird.

4.12. Vom Versuch einer fünfzehnjährigen Türkin, sich in Deutschland zu integrieren, erzählt der in Deutschland lebende Türke Birol Denizeri unter der Überschrift *Das verlorene Gesicht*. Saniye ist ihren Eltern eine brave Tochter und folgt zu Hause den türkischen Sitten. Durch Besuche im anatolischen Dorf ihrer Herkunft erkennt sie die Menschlichkeit im dortigen Alltag. In der deutschen Schule hat sie mit Schwierigkeiten zu kämpfen, ehe sie anerkannt wird. Die Integration muß jedoch mit dem Verlust von Elementen ihrer türkisch geprägten Individualität erkauft werden. Für diesen Prozeß steht der Alptraum, in dem fremde Hände das Fleisch aus ihrem Gesicht reißen. Als sie vollkommen integriert ist, besitzt sie kein Gesicht mehr.
Die Geschichte zeigt eine Form des Außenseitertums, das aus einer Situation zwischen zwei Kulturen entsteht. Der Text beleuchtet Probleme der Integration von Ausländern in einer Gesellschaft mit Spannungen zwischen nationaler Abgrenzung und multikultureller Toleranz.

4.13. Den Bericht über *Mustafa*, einen zwölfjährigen Araberjungen in Deutschland, nennt die aus Jugoslawien stammende Autorin Mojca Posavec im Untertitel »Eine authentische Geschichte«. Mustafa lebt zufrieden bei seinen Großeltern in einem Beduinendorf in der Wüste Arabiens. Die Mutter ist gestorben, der Vater arbeitet in Deutschland; dorthin läßt er den Jungen nachkommen. Hier machen Sprach- und Eingliederungsprobleme »aus dem fröhlichen Araberjungen einen einsamen, mißtrauischen Ausländer«. »Ausländer raus«-Parolen treiben ihn in die Isolation, er versucht jedoch, sich zu integrieren. »Er machte alles, um so zu werden wie die anderen.« Deutsche Mitschüler fordern Mustafa, nun fünfzehnjährig, zu einer Mutprobe auf. Vom Geländer einer Eisenbahnbrücke stürzt er tödlich ab. Er wollte deutsch werden; deutsche Jugendliche haben ihn in den Tod getrieben.

4.14. Ilse Klebergers Erinnerung *Jacob* zeigt, wie es anfangen kann, wenn Menschen durch politisch-weltanschauliche

Ideologien ins Abseits gedrängt werden, ihnen schließlich sogar das Lebensrecht abgesprochen wird.
Die Geschichte spielt im Schulmilieu von Elfjährigen 1932. Da ist einerseits Klaus, ein »prachtvoller deutscher Junge«, ein »typisch nordischer Arier«, den Lehrer und Mitschüler bewundern. Der beste Freund und Spielgefährte der Erzählerin aber ist Jacob, Jude, aus einem geistvollen und kulturellen Elternhaus. Von Klaus erfährt sie, daß »die Juden unser Unglück sind«. Das ist für sie aus der persönlichen Erfahrung völlig unbegreiflich.
Die Geschichte zeigt auch, wie der nationalsozialistische Antisemitismus sich auf der Ebene von Kindern darstellt und eine Kinderfreundschaft zerstört.

4.15. Von einem Außenseitertum in einem speziellen selbstgewählten Sinne erzählt die kurze Geschichte *Der Felsen* von Margarete Kubelka. Ein Junge nimmt einen Felsen über dem »Abgrund« als sein persönliches Reich in Besitz. Als dieser Geheimplatz seiner Selbstfindung, an dem er liest, tanzt, spielt, von einer Pilzsucherin betreten wird, wirft er in einem eher unbewußten Zustand mit einem Stein nach ihr, so daß sie in die Tiefe stürzt.
Man kann in dieser Tat den Versuch sehen, die entgleitende Kindheit in einer selbstgewählten Isolation zu bewahren, sie sogar gegen eindringende Erwachsene mit Gewalt zu verteidigen. Aber »es wird nie wieder so sein, wie es war«. Mit dem Eintritt ins Erwachsensein ist auch das Schuldigwerden verbunden.

4.16. Als Fremdkörper im wortwörtlichen Sinne erscheint *Das behinderte Kind*, von dem Ingrid Würtenberger erzählt. Dieses dicke und stumpfe Kind »aus einem der zahllosen Hochhäuser« »wittert« auf dem Abenteuerspielplatz einen »winzigen Freiraum«. Auf der Schaukel wird diese geringe Freiheit des Schwingens ins Bild gesetzt.
Die anderen Kinder stehen zunächst im Bann des für sie Andersartigen, Fremden, Unheimlichen. Doch entsteht aus »Fremdheit, Panik, Abwehr« ihre aggressive Aktion. Sie

quälen das Kind auf der Schaukel »in leichten Abwandlungen der Bösartigkeit«. Dagegen wehrt sich das offenbar mehrfach behinderte Kind. Es stößt seine »krallenartigen Finger« in die Gesichter der »Meute«. Mit solchen Ausdrükken wird der archaisch-tierische Charakter der Bedrohung und Abwehr hervorgehoben. In diesem Kampf werden die Gesunden zu Opfern, über die das behinderte Kind sich erhebt – »ein unförmiges Mahnmal der Wehrlosen, einsam und stumm«.

Die Geschichte kann als Fallstudie gelesen werden, aber auch als Mini-Modell gesellschaftlicher Prozesse: Die Angst vor dem Abweichenden, Unbekannten entbindet Aggression, die ihrerseits wieder Gewalt provoziert.

II. Texte

1. Stefan Zweig: Ein Verbummelter

Als er an der Kirchturmuhr vorbeikam, merkte er, daß es schon hoch an der Zeit war. Er nahm die Schulbücher fester unter den Arm und begann sein behagliches Faulenzertempo zu beschleunigen. Aber bald stand er davon wieder ab. Die Hitze des Sommermittags hatte ihn träge gemacht, und eigentlich schien es ihm gar nicht so wichtig, rechtzeitig in eine Griechischstunde zu kommen. Und in gleichgültigem Trott trabte er weiter über das Pflaster, das eine erstickende Glut ausstrahlte, gegen die Schule zu. Dort angelangt, fand er, daß er schon um zehn Minuten im Rückstand sei, und einen Augenblick noch tauchte die Überlegung auf, ob er nicht lieber umkehren solle. Aber der Gedanke an eine Fortsetzung der heutigen langweiligen Familienpredigt bei Tisch erschien ihm so peinlich, daß er entschlossen auf das Klassenzimmer zuging und mit einem energischen Ruck die Tür öffnete.

Sein plötzlicher Anblick erregte einiges Aufsehen. Rückwärts hörte man ein überlegenes Kichern, und auch vorne in den ersten Bänken sahen ihm nur höhnisch lächelnde Gesichter entgegen. Und oben auf dem Katheder blickte ihn der Professor mit einem selbstzufriedenen Lächeln an und sagte halblaut, wie wegwerfend: »Es wäre auch wirklich ein Wunder gewesen, wenn Sie einmal zurecht gekommen wären, Liebmann; Sie entwickeln im Zuspätkommen einen Fleiß und eine Ausdauer, die Ihnen sonst ausgiebig abgeht.«

Das Kichern surrte nun durch den ganzen Raum, durchsetzt mit tieferen, grölenden Untertönen. Alle sahen auf Liebmann hin.

Der erwiderte kein Wort und verzog keine Miene. Aber es fiel ihm schwer, ruhig zu bleiben, als er an den fröhlich lachenden Gesichtern vorbei auf seinen Platz zuging. In ihm brannte ein tiefer Schmerz, eine wilde verhaltene Wut, wie immer, wenn er diese grausame Szene wieder erlebte. Ganz mechanisch öffnete er sein Buch, ohne nur auf die Seitenzahl zu achten, und starrte gedankenlos auf die Lettern hin, bis sie in schwarzem, zitterndem Wirbel vor seinen Augen tanzten. Und alle Worte und Laute im Zimmer verschwammen ihm zu einem sinnlosen Geräusch, das ihm häßlich in die Ohren tönte. Wie Blei lastete die Gleichgültigkeit gegen alles auf ihm.

Vorn auf seiner Bank spielten ein paar Sonnenkringel. Wie hüpfende, fröhlich jauchzende Kinder drehten sie ihren bunten Reigen, und wie schmiegsame, weiße Hände huschten ihre leuchtenden Farben über das Pult. Liebmann starrte sie an wie ein Neugieriger, ohne sie aber zu sehen. Er träumte wie geistesabwesend vor sich hin. Gestern abend war es, da hatte ihm wieder ein Zufall den Spiegel seines Lebens vors Gesicht gepreßt. Gestern, als er mit seinen Schulbüchern nach Hause ging und seine Altersgenossen traf, Studenten und Leutnants, die ihn alle einmal so gern gehabt und nun doch mit einer seltsamen Verächtlichkeit, mit stummem Stolz begrüßten, weil er noch unter grünen Schuljungen saß und den verstaubten Quark hören mußte, der da mit lederner Stimme vorgetragen wurde.

Wie ein heißes Lachen der Wut und Verzweiflung fühlte er es in der Kehle. Fast wunderte er sich selbst darüber, daß er sich nicht hinwarf und schluchzte wie ein kleines Kind. Oder, daß er nicht aufsprang und vor ihnen ausspie.

Nach und nach wurde er wieder ruhiger, weil er seinen Schmerz zu zerlegen begann. Er sezierte ihn mit der grausamen Kälte, die nur wieder der tiefste Schmerz geben kann. War er denn so allein mit seinem Schicksal? Er wußte es, daß noch Tausende das gleiche Schicksal erlitten, daß es eine Alltagstragödie war, die sich in seinem Leben abspielte, aber es war ihm, als hätte sie noch keiner so herb gefühlt. Ein Verbummelter – wie viele gab es noch auf der Welt! Aber es quälte ihn immer wieder der Gedanke an den Anfang, an jene eine Prüfung, wo er zuerst gefallen war. Mit welchem Leichtsinn hatte ihn der Professor, derselbe, der jetzt zehn Schritte vor ihm saß und ihn gar nicht beachtete, durchfallen lassen, der vielleicht nie in seinem Leben eine Minute, eine Sekunde darüber nachgedacht hatte, was er mit einer oberflächlichen Entscheidung begangen hatte. Wie mit einem Male eine aufstrebende Entwickelung unterbunden worden war und ein Leben gewaltsam in eine andere Bahn hinabgedrängt wurde. Er erinnerte sich noch deutlich an den Umschlag, der sich vollzogen hatte, als er zum ersten Mal ein Jahr verlor. Langsam war damals der übermäßige und doch erfolglose Fleiß zu dumpfer Apathie erschlafft, sein Interesse für Literatur und Kunst war plötzlich jäh und gewaltsam abgebrochen, und bis in die fernsten Verzweigungen seines physischen Lebens fühlte er die Brutalität dieses Schlages. Nach und nach war seine Arbeitsenergie erloschen, und sein geistiges Leben verlor sich immer mehr in die Phantastik unfruchtbarer Träume, die nur ihn selbst zum Mittelpunkt hatten und ihm tausend Gestalten und Errungenschaften vorspiegelten, die er im Leben aus Mangel an Kraft nie gewinnen konnte. Und so begann er langsam zu sinken, zu verbummeln. – Als er dann das zweite Mal ein Jahr verlor, spürte er es gar nicht mehr, aber er merkte, daß er im Gleiten war, ohne es aufhalten zu können. Mit einundzwanzig Jahren noch auf der Schulbank, das war der einzige Schmerz, den er nicht überwinden konnte und über den er alles vergaß. Und immer wühlte er in den Ursachen zurück, die ihn immer wieder zu dem einen Punkte zurückführten, zu jenem Tage, wo er durch Zufall, nur durch Zufall bei der Prüfung gefallen war. Und nach und nach war seinem steten Grübeln ein dunkler Gedanke erwachsen, eine bloße, haltlose Vermutung, die aber sein krankhaftes und gewaltsames Nachsinnen zur Gewißheit stempelte, es könne kein Zufall gewesen sein. Ein heimlicher Haß, eine versteckte Ursache mußte den Professor bewogen haben. Und seitdem dieser Glaube in ihm tiefe Wurzeln gefaßt hatte, wurde der Haß zum innersten Grundklang seiner Seele.

Er erbebte schon unter der überströmenden Gewalt dieser

Gefühle, wenn er ihm in das Gesicht sah. Wie er nur dort oben saß mit seinem vergilbten Pastorengesicht. Wie verlogen, wie stumpfsinnig er mit seiner fetten Stimme gleichgültiges Zeug vortrug mit einem selbstbewußten Ernst, der sich keines Fehlers bewußt ist! Und dieser Mensch sollte ihm befehlen können, sollte sein Leben entscheiden können und *hatte* es entschieden – dieser Gedanke spannte alle seine Nerven schmerzhaft an, er fühlte, wie sich ganz unbewußt eine Faust ballte und seine Augen haßerfüllt zu ihm hinstarrten.
In diesem Augenblick wandte sich der Professor ihm zu und fing den Blick auf. Er schien nichts zu bemerken, nur um die Mundwinkel verschärfte sich der harte, grämliche Zug. Und mit gleichgültiger Stimme sagte er:
»Liebmann, Sie täten auch besser, in Ihr Buch zu schauen und achtzugeben, als in die Luft zu gaffen.«
Liebmann zuckte zusammen. Der Gedanke, sich schulmeistern lassen zu müssen, war ihm wie ein glühendes Brandmal. Ein jäher Trotz stieg in ihm auf. Nur jetzt nicht schweigen müssen!
»Ich habe achtgegeben, Herr Professor!«
»Um so besser von Ihnen, Liebmann, dann wiederholen Sie jetzt, was ich sagte.«
Es war ganz ruhig gesagt, wahrscheinlich sogar absichtslos. Aber Liebmann fühlte darin eine gemeine Niedertracht. Er wußte kein Wort und biß die Lippen krampfhaft zusammen. Aber eine dunkle Ahnung wurde wach in ihm, daß sich aus dieser Lappalie eine Katastrophe entwickeln könnte, daß das Schicksal sein alltägliches grausames Spiel wiederholen wollte und aus der niedrigsten Nichtigkeit seine unabsehbaren Konsequenzen zog. Er wußte, daß es zu etwas kommen mußte, denn er spürte in sich den Mut und die Verzweiflung, feste Form gewinnen, den aufgespeicherten Haß von tausend und abertausend Stunden zu einem breiten Strom zusammenfließen, der sich Bahn brechen wollte. Aber noch gewann er Gewalt über sich und schwieg mit blassen, zitternden Lippen.

Der Professor wartete einige Sekunden. Dann sagte er ohne jede Spur von Erregung:
»Sie wissen also doch nichts und haben vorhin gelogen.«
Das war die Entscheidung. Nun gab es kein Zurück mehr. Liebmann wußte, daß er für eine verlorene Sache kämpfte, aber er wußte auch, daß alles, was in ihm von verhaltenen Gefühlen brannte, zur Aussprache kommen mußte. Wenn nicht heute, so morgen. Und dazu noch das wachsende Surren und Kichern unter den Schülern, das ihn erregte. Nur nicht mehr dazugehören, was auch kommen sollte. Und seine Stimme klang klar und entschlossen.
»Ich habe nicht gelogen, ich kann es wiederholen.«
»Sie *wollen* also nicht?«
»Nein, ich will nicht, weil es eine haltlose Schwätzerei war.«
Das Wort schlug ein wie ein Blitz. Das zufriedene Lächeln auf den Gesichtern, die erwartungsvoll den Wortwechsel begleitet hatten, erstarrte bei allen. Jeder fühlte, daß sich hier aus der gewitterschweren Atmosphäre eine Tragödie von weittragender Bedeutung losrang. Liebmann selbst war am ruhigsten. Er hatte einen gewaltsamen Abschluß herbeigeführt, weil er ihn haben wollte. Nun war es geschehen.
Der Professor hatte bald die Fassung wiedergewonnen, die er bei dem unerwarteten Wort vollkommen verloren hatte. Rasch trat er auf Liebmann zu und sagte mit keuchender, vor Erregung bebender Stimme:
»Sie sind ein Frechling ...«
»Selbst Frechling!«
Das Wort schnitt dem Professor den Satz jäh ab. Und dann war plötzlich ein Wirren und Drängen wie bei einem Handgemenge. Keiner wußte, wer zuerst die Hand gehoben, aber der Zorn war in beiden so rasend und drängend, daß er sich unwillkürlich in Brutalität äußerte. Die ganze Szene dauerte nur eine Sekunde, dann versetzte Liebmann mit der äußersten Kraft des Hasses dem Professor einen Stoß, daß er zurücktaumelte. – Alle Schüler waren in blinder Erregung aufgesprungen, ein dröhnender Lärm brauste durch das

Zimmer, aber ehe sie noch tätig eingreifen konnten, hatte Liebmann seinen Hut vom Haken gerissen und stürmte aus der Klasse, die Tür hinter sich mit dröhnender Wucht zuschlagend, hinaus, nur hinaus, ohne Ziel und Plan ...

Eine Stunde war er umhergeirrt, dann hatte sich sein Sinnen zum Entschluß gereift. An alles hatte er gedacht, tausend bunte Bilder waren vor ihm aufgestiegen, seine Jugend, seine Zukunft, seine Eltern, aber jedes hatte seine Tat so gewendet, daß es ihm nur ein Wegweiser wurde, der seine führende Hand zum letzten dunklen Pfad hinstreckte. Und unwillkürlich hatte sich sein Schritt beschleunigt, und er begann zu laufen. Noch tauchten kleine Hoffnungen und vage Vermutungen in blitzartiger Raschheit vor ihm auf, aber er hielt nicht inne, sondern lief und lief. Die Ohren dröhnten ihm vom Donnern der Wagen, vom Poltern der Straße, vom Surren der Leute, die achtlos und unwissend an ihm vorüberglitten, und von seinen eigenen hastigen Schritten. Immer rascher lief er, wie um jeden Gedanken zu betäuben, und sein ganzes Gehirn summte nur einen Satz: Nur rasch, nur rasch ... Alles klang im Rhythmus dieser Worte und verströmte zu einem wirren tosenden Lärm, der ihn stumpf und unempfindlich machte. So kam er zur Brücke. Dort blieb er eine Minute stehen, aber nicht aus Angst vor der Tat, sondern weil seinen zitternden Armen die Kraft fehlte, sich übers Geländer zu schwingen. Einmal noch tauchte die Erinnerung an sein zerstörtes Leben auf, und wie ein jäher Ruck durchbebte es schon seinen Körper. Mit einem Schwung war er über der Rampe und sauste blitzartig hinab in die graue Flut ...

2. *Max Frisch: Der andorranische Jude*

In Andorra lebte ein junger Mann, den man für einen Juden hielt. Zu erzählen wäre die vermeintliche Geschichte seiner Herkunft, sein täglicher Umgang mit den Andorranern, die in ihm den Juden sehen: das fertige Bildnis, das ihn überall erwartet. Beispielsweise ihr Mißtrauen gegenüber seinem Gemüt, das ein Jude, wie auch die Andorraner wissen, nicht haben kann. Er wird auf die Schärfe seines Intellektes verwiesen, der sich eben dadurch schärft, notgedrungen. Oder sein Verhältnis zum Geld, das in Andorra auch eine große Rolle spielt: er wußte, er spürte, was alle wortlos dachten; er prüfte sich, ob es wirklich so war, daß er stets an das Geld denke, er prüfte sich, bis er entdeckte, daß es stimmte, es war so, in der Tat, er dachte stets an das Geld. Er gestand es; er stand dazu, und die Andorraner blickten sich an, wortlos, fast ohne ein Zucken der Mundwinkel. Auch in Dingen des Vaterlandes wußte er genau, was sie dachten; sooft er das Wort in den Mund genommen, ließen sie es liegen wie eine Münze, die in den Schmutz gefallen ist. Denn der Jude, auch das wußten die Andorraner, hat Vaterländer, die er wählt, die er kauft, aber nicht ein Vaterland wie wir, nicht ein zugeborenes, und wiewohl er es meinte, wenn es um andorranische Belange ging, er redete in ein Schweigen hinein, wie in Watte. Später begriff er, daß es ihm offenbar an Takt fehlte, ja, man sagte es ihm einmal rundheraus, als er, verzagt über ihr Verhalten, geradezu leidenschaftlich wurde. Das Vaterland gehörte den andern, ein für allemal, und daß er es lieben könnte, wurde von ihm nicht erwartet, im Gegenteil, seine beharrlichen Versuche und Werbungen öffneten nur eine Kluft des Verdachtes; er buhlte um eine Gunst, um einen Vorteil, um eine Anbiederung, die man als Mittel zum Zweck empfand auch dann, wenn man selber keinen möglichen Zweck erkannte. So wiederum ging es, bis er eines Tages entdeckte, mit seinem rastlosen und alles zergliedernden Scharfsinn entdeckte, daß er das Vaterland wirklich nicht liebte, schon das bloße Wort nicht, das jedesmal, wenn er es brauchte, ins Peinliche führte. Offenbar hatten sie recht. Offenbar konnte er überhaupt nicht lieben, nicht im andorranischen Sinn; er hatte die Hitze der Leidenschaft, gewiß, dazu die Kälte seines Verstandes, und diesen empfand man als eine immer bereite Geheimwaffe seiner Rachsucht; es fehlte ihm das Gemüt, das Verbindende; es fehlte ihm, und das war unverkennbar, die Wärme des Vertrauens. Der Umgang mit ihm war anregend, ja, aber nicht angenehm, nicht gemütlich. Es gelang ihm nicht, zu sein wie alle andern, und nachdem er es umsonst versucht hatte, nicht aufzufallen, trug er sein Anderssein sogar mit einer Art von Trotz, von Stolz und lauernder Feindschaft dahinter, die er, da sie ihm selber nicht gemütlich war, hinwiederum mit einer geschäftigen Höflichkeit überzuckerte; noch wenn er sich verbeugte, war es eine Art von Vorwurf, als wäre die Umwelt daran schuld, daß er ein Jude ist –

Die meisten Andorraner taten ihm nichts.

Also auch nichts Gutes.

Auf der andern Seite gab es auch Andorraner eines freieren und fortschrittlichen Geistes, wie sie es nannten, eines Geistes, der sich der Menschlichkeit verpflichtet fühlte: sie achteten den Juden, wie sie betonten, gerade um seiner jüdischen Eigenschaften willen, Schärfe des Verstandes und so weiter. Sie standen zu ihm bis zu seinem Tode, der grausam gewesen ist, so grausam und ekelhaft, daß sich auch jene Andorraner entsetzten, die es nicht berührt hatte, daß schon das ganze Leben grausam war. Das heißt, sie beklagten ihn eigentlich nicht, oder ganz offen gesprochen: sie vermißten ihn nicht – sie empörten sich nur über jene, die ihn getötet hatten, und über die Art, wie das geschehen war, vor allem die Art.

Man redete lange davon.

Bis es sich eines Tages zeigt, was er selber nicht hat wissen können, der Verstorbene: daß er ein Findelkind gewesen, dessen Eltern man später entdeckt hat, ein Andorraner wie unsereiner –

Man redete nicht mehr davon.

Die Andorraner aber, sooft sie in den Spiegel blickten, sahen mit Entsetzen, daß sie selber die Züge des Judas tragen, jeder von ihnen.

Du sollst dir kein Bildnis machen, heißt es, von Gott. Es dürfte auch in diesem Sinne gelten: Gott als das Lebendige in jedem Menschen, das, was nicht erfaßbar ist. Es ist eine Versündigung, die wir, so wie sie an uns begangen wird, fast ohne Unterlaß wieder begehen –
Ausgenommen wenn wir lieben.

3. Bertolt Brecht: Die unwürdige Greisin

Meine Großmutter war zweiundsiebzig Jahre alt, als mein Großvater starb. Er hatte eine kleine Lithographenanstalt in einem badischen Städtchen und arbeitete darin mit zwei, drei Gehilfen bis zu seinem Tod. Meine Großmutter besorgte ohne Magd den Haushalt, betreute das alte, wacklige Haus und kochte für die Mannsleute und Kinder.
Sie war eine kleine magere Frau mit lebhaften Eidechsenaugen, aber langsamer Sprechweise. Mit recht kärglichen Mitteln hatte sie fünf Kinder großgezogen – von den sieben, die sie geboren hatte. Davon war sie mit den Jahren kleiner geworden.
Von den Kindern gingen die zwei Mädchen nach Amerika, und zwei der Söhne zogen ebenfalls weg. Nur der Jüngste, der eine schwache Gesundheit hatte, blieb im Städtchen. Er wurde Buchdrucker und legte sich eine viel zu große Familie zu.
So war sie allein im Haus, als mein Großvater gestorben war.
Die Kinder schrieben sich Briefe über das Problem, was mit ihr zu geschehen hätte. Einer konnte ihr bei sich ein Heim anbieten, und der Buchdrucker wollte mit den Seinen zu ihr ins Haus ziehen. Aber die Greisin verhielt sich abweisend zu

den Vorschlägen und wollte nur von jedem ihrer Kinder, das dazu imstande war, eine kleine geldliche Unterstützung annehmen. Die Lithographenanstalt, längst veraltet, brachte fast nichts beim Verkauf, und es waren auch Schulden da.
Die Kinder schrieben ihr, sie könne doch nicht ganz allein leben, aber als sie darauf überhaupt nicht einging, gaben sie nach und schickten ihr monatlich ein bißchen Geld. Schließlich, dachten sie, war ja der Buchdrucker im Städtchen geblieben.
Der Buchdrucker übernahm es auch, seinen Geschwistern mitunter über die Mutter zu berichten. Seine Briefe an meinen Vater und was dieser bei einem Besuch und nach dem Begräbnis meiner Großmutter zwei Jahre später erfuhr, geben mir ein Bild von dem, was in diesen zwei Jahren geschah.
Es scheint, daß der Buchdrucker von Anfang an enttäuscht war, daß meine Großmutter sich weigerte, ihn in das ziemlich große und nun leerstehende Haus aufzunehmen. Er wohnte mit vier Kindern in drei Zimmern. Aber die Greisin hielt überhaupt nur eine sehr lose Verbindung mit ihm aufrecht. Sie lud die Kinder jeden Sonntagnachmittag zum Kaffee, das war eigentlich alles.
Sie besuchte ihren Sohn ein- oder zweimal in einem Vierteljahr und half der Schwiegertochter beim Beereneinkochen. Die junge Frau entnahm einigen ihrer Äußerungen, daß es ihr in der kleinen Wohnung des Buchdruckers zu eng war. Dieser konnte sich nicht enthalten, in seinem Bericht darüber ein Ausrufezeichen anzubringen.
Auf eine schriftliche Anfrage meines Vaters, was die alte Frau denn jetzt so mache, antwortete er ziemlich kurz, sie besuche das Kino.
Man muß verstehen, daß das nichts Gewöhnliches war, jedenfalls nicht in den Augen ihrer Kinder. Das Kino war vor dreißig Jahren noch nicht, was es heute ist. Es handelte sich um elende, schlecht gelüftete Lokale, oft in alten Kegelbahnen eingerichtet, mit schreienden Plakaten vor dem Eingang, auf denen Morde und Tragödien der Leidenschaft angezeigt

waren. Eigentlich gingen nur Halbwüchsige hin oder, des Dunkels wegen, Liebespaare. Eine einzelne alte Frau mußte dort sicher auffallen.
Und so war noch eine andere Seite dieses Kinobesuches zu bedenken. Der Eintritt war gewiß billig, da aber das Vergnügen ungefähr unter den Schleckereien rangierte, bedeutete es »hinausgeworfenes Geld«. Und Geld hinauszuwerfen, war nicht respektabel.
Dazu kam, daß meine Großmutter nicht nur mit ihrem Sohn am Ort keinen regelmäßigen Verkehr pflegte, sondern auch sonst niemanden von ihren Bekannten besuchte oder einlud. Sie ging niemals zu den Kaffeegesellschaften des Städtchens. Dafür besuchte sie häufig die Werkstatt des Flickschusters in einem armen und sogar etwas verrufenen Gäßchen, in der, besonders nachmittags, allerlei nicht besonders respektable Existenzen herumsaßen, stellungslose Kellnerinnen und Handwerksburschen. Der Flickschuster war ein Mann in mittleren Jahren, der in der ganzen Welt herumgekommen war, ohne es zu etwas gebracht zu haben. Es hieß auch, daß er trank. Er war jedenfalls kein Verkehr für meine Großmutter.
Der Buchdrucker deutete in einem Brief an, daß er seine Mutter darauf hingewiesen, aber einen recht kühlen Bescheid bekommen habe. »Er hat etwas gesehen«, war ihre Antwort, und das Gespräch war damit zu Ende. Es war nicht leicht, mit meiner Großmutter über Dinge zu reden, die sie nicht bereden wollte.
Etwa ein halbes Jahr nach dem Tod des Großvaters schrieb der Buchdrucker meinem Vater, daß die Mutter jetzt jeden zweiten Tag im Gasthof esse.
Was für eine Nachricht! Großmutter, die zeit ihres Lebens für ein Dutzend Menschen gekocht und immer nur die Reste aufgegessen hatte, aß jetzt im Gasthof! Was war in sie gefahren?
Bald darauf führte meinen Vater eine Geschäftsreise in die Nähe, und er besuchte seine Mutter.
Er traf sie im Begriffe, auszugehen. Sie nahm den Hut wieder

ab und setzte ihm ein Glas Rotwein mit Zwieback vor. Sie schien ganz ausgeglichener Stimmung zu sein, weder besonders aufgekratzt noch besonders schweigsam. Sie erkundigte sich nach uns, allerdings nicht sehr eingehend, und wollte hauptsächlich wissen, ob es für die Kinder auch Kirschen gäbe. Da war sie ganz wie immer. Die Stube war natürlich peinlich sauber, und sie sah gesund aus.

Das einzige, was auf ihr neues Leben hindeutete, war, daß sie nicht mit meinem Vater auf den Gottesacker gehen wollte, das Grab ihres Mannes zu besuchen. »Du kannst allein hingehen«, sagte sie beiläufig, »es ist das dritte von links in der elften Reihe. Ich muß noch wohin.«

Der Buchdrucker erklärte nachher, daß sie wahrscheinlich zu ihrem Flickschuster mußte. Er klagte sehr.

»Ich sitze hier in diesen Löchern mit den Meinen und habe nur noch fünf Stunden Arbeit und schlecht bezahlte, dazu macht mir mein Asthma wieder zu schaffen, und das Haus in der Hauptstraße steht leer.«

Mein Vater hatte im Gasthof ein Zimmer genommen, aber erwartet, daß er zum Wohnen doch von seiner Mutter eingeladen werden würde, wenigstens pro forma, aber sie sprach nicht davon. Und sogar als das Haus voll gewesen war, hatte sie immer etwas dagegen gehabt, daß er nicht bei ihnen wohnte und dazu das Geld für das Hotel ausgab!

Aber sie schien mit ihrem Familienleben abgeschlossen zu haben und neue Wege zu gehen, jetzt, wo ihr Leben sich neigte. Mein Vater, der eine gute Portion Humor besaß, fand sie »ganz munter« und sagte meinem Onkel, er solle die alte Frau machen lassen, was sie wolle.

Aber was wollte sie?

Das nächste, was berichtet wurde, war, daß sie eine Bregg bestellt hatte und nach einem Ausflugsort gefahren war, an einem gewöhnlichen Donnerstag. Eine Bregg war ein großes, hochrädriges Pferdegefährt mit Plätzen für ganze Familien. Einige wenige Male, wenn wir Enkelkinder zu Besuch gekommen waren, hatte Großvater die Bregg gemietet. Großmutter war immer zu Hause geblieben. Sie hatte es

mit einer wegwerfenden Handbewegung abgelehnt, mitzukommen.
Und nach der Bregg kam die Reise nach K., einer größeren Stadt, etwa zwei Eisenbahnstunden entfernt. Dort war ein Pferderennen, und zu dem Pferderennen fuhr meine Großmutter.
Der Buchdrucker war jetzt durch und durch alarmiert. Er wollte einen Arzt hinzugezogen haben. Mein Vater schüttelte den Kopf, als er den Brief las, lehnte aber die Hinzuziehung eines Arztes ab.
Nach K. war meine Großmutter nicht allein gefahren. Sie hatte ein junges Mädchen mitgenommen, eine halb Schwachsinnige, wie der Buchdrucker schrieb, das Küchenmädchen des Gasthofs, in dem die Greisin jeden zweiten Tag speiste.
Dieser »Krüppel« spielte von jetzt ab eine Rolle.
Meine Großmutter schien einen Narren an ihr gefressen zu haben. Sie nahm sie mit ins Kino und zum Flickschuster, der sich übrigens als Sozialdemokrat herausgestellt hatte, und es ging das Gerücht, daß die beiden Frauen bei einem Glas Rotwein in der Küche Karten spielten.
»Sie hat dem Krüppel jetzt einen Hut gekauft mit Rosen drauf«, schrieb der Buchdrucker verzweifelt. »Und unsere Anna hat kein Kommunionskleid!«
Die Briefe meines Onkels wurden ganz hysterisch, handelten nur von der »unwürdigen Aufführung unserer lieben Mutter« und gaben sonst nichts mehr her. Das Weitere habe ich von meinem Vater.
Der Gastwirt hatte ihm mit Augenzwinkern zugeraunt: »Frau B. amüsiert sich ja jetzt, wie man hört.«
In Wirklichkeit lebte meine Großmutter auch diese letzten Jahre keinesfalls üppig. Wenn sie nicht im Gasthof aß, nahm sie meist nur ein wenig Eierspeise zu sich, etwas Kaffee und vor allem ihren geliebten Zwieback. Dafür leistete sie sich einen billigen Rotwein, von dem sie zu allen Mahlzeiten ein kleines Glas trank. Das Haus hielt sie sehr rein, und nicht nur die Schlafstube und die Küche, die sie benutzte. Jedoch

nahm sie darauf ohne Wissen ihrer Kinder eine Hypothek auf. Es kam niemals heraus, was sie mit dem Geld machte. Sie scheint es dem Flickschuster gegeben zu haben. Er zog nach ihrem Tod in eine andere Stadt und soll dort ein größeres Geschäft für Maßschuhe eröffnet haben.

Genau betrachtet lebte sie hintereinander zwei Leben. Das eine, erste, als Tochter, als Frau und als Mutter, und das zweite einfach als Frau B., eine alleinstehende Person ohne Verpflichtungen und mit bescheidenen, aber ausreichenden Mitteln. Das erste Leben dauerte etwa sechs Jahrzehnte, das zweite nicht mehr als zwei Jahre.

Mein Vater brachte in Erfahrung, daß sie im letzten halben Jahr sich gewisse Freiheiten gestattete, die normale Leute gar nicht kennen. So konnte sie im Sommer früh um drei Uhr aufstehen und durch die leeren Straßen des Städtchens spazieren, das sie so für sich ganz allein hatte. Und den Pfarrer, der sie besuchen kam, um der alten Frau in ihrer Vereinsamung Gesellschaft zu leisten, lud sie, wie allgemein behauptet wurde, ins Kino ein!

Sie war keineswegs vereinsamt. Bei dem Flickschuster verkehrten anscheinend lauter lustige Leute, und es wurde viel erzählt. Sie hatte dort immer eine Flasche ihres eigenen Rotweins stehen, und daraus trank sie ihr Gläschen, während die anderen erzählten und über die würdigen Autoritäten der Stadt loszogen. Dieser Rotwein blieb für sie reserviert, jedoch brachte sie mitunter der Gesellschaft stärkere Getränke mit.

Sie starb ganz unvermittelt, an einem Herbstnachmittag in ihrem Schlafzimmer, aber nicht im Bett, sondern auf dem Holzstuhl am Fenster. Sie hatte den »Krüppel« für den Abend ins Kino eingeladen, und so war das Mädchen bei ihr, als sie starb. Sie war vierundsiebzig Jahre alt.

Ich habe eine Fotografie von ihr gesehen, die sie auf dem Totenbett zeigt und die für die Kinder angefertigt worden war.

Man sieht ein winziges Gesichtchen mit vielen Falten und einen schmallippigen, aber breiten Mund. Viel Kleines, aber nichts Kleinliches. Sie hatte die langen Jahre der Knechtschaft und die kurzen Jahre der Freiheit ausgekostet und das Brot des Lebens aufgezehrt bis auf den letzten Brosamen.

4. Heinrich Böll: Die schwarzen Schafe

Offenbar bin ich ausersehen, dafür zu sorgen, daß die Kette der schwarzen Schafe in meiner Generation nicht unterbrochen wird. Einer muß es sein, und ich bin es. Niemand hätte es je von mir gedacht, aber es ist nichts daran zu ändern: Ich bin es. Weise Leute in unserer Familie behaupten, daß der Einfluß, den Onkel Otto auf mich ausgeübt hat, nicht gut gewesen ist. Onkel Otto war das schwarze Schaf der vorigen Generation und mein Patenonkel. Irgendeiner muß es ja sein, und er war es. Natürlich hatte man ihn zum Patenonkel erwählt, bevor sich herausstellte, daß er scheitern würde; und auch mich, mich hat man zum Paten eines kleinen Jungen gemacht, den man jetzt, seitdem ich für schwarz gehalten werde, ängstlich von mir fernhält. Eigentlich sollte man uns dankbar sein; denn eine Familie, die keine schwarzen Schafe hat, ist keine charakteristische Familie.
Meine Freundschaft mit Onkel Otto fing früh an. Er kam oft zu uns, brachte mehr Süßigkeiten mit, als mein Vater für richtig hielt, redete, redete und landete zuletzt einen Pumpversuch. Onkel Otto wußte Bescheid; es gab kein Gebiet, auf dem er nicht wirklich beschlagen war: Soziologie, Literatur, Musik, Architektur, alles; und wirklich: Er wußte was. Sogar Fachleute unterhielten sich gern mit ihm, fanden ihn anregend, intelligent, außerordentlich nett, bis der Schock des anschließenden Pumpversuches sie ernüchterte; denn das war das Ungeheuerliche: Er wütete nicht nur in der Verwandtschaft, sondern stellte seine tückischen Fallen auf, wo immer es ihm lohnenswert erschien.
Alle Leute waren der Meinung, er könne sein Wissen »versilbern« – so nannten sie es in der vorigen Generation, aber er

versilberte es nicht, er versilberte die Nerven der Verwandtschaft.
Es bleibt sein Geheimnis, wie er es fertigbrachte, den Eindruck zu erwecken, daß er es an diesem Tage nicht tun würde. Aber er tat es. Regelmäßig. Unerbittlich. Ich glaube, er brachte es nicht über sich, auf eine Gelegenheit zu verzichten. Seine Reden waren so fesselnd, so erfüllt von wirklicher Leidenschaft, scharf durchdacht, glänzend witzig, vernichtend für seine Gegner, erhebend für seine Freunde, zu gut konnte er über alles sprechen, als daß man hätte glauben können, er würde ...! Aber er tat es. Er wußte, wie man Säuglinge pflegt, obwohl er nie Kinder gehabt hatte, verwikkelte die Frauen in ungemein fesselnde Gespräche über Diät bei gewissen Krankheiten, schlug Pudersorten vor, schrieb Salbenrezepte auf Zettel, regelte Quantität und Qualität ihrer Trünke, ja er wußte, wie man sie hält: Ein schreiendes Kind, ihm anvertraut, wurde sofort ruhig. Es ging etwas Magisches von ihm aus. Genauso gut analysierte er die Neunte Sinfonie von Beethoven, setzte juristische Schriftstücke auf, nannte die Nummer des Gesetzes, das in Frage kam, aus dem Kopf ...
Aber wo immer und worüber immer das Gespräch gewesen war, wenn das Ende nahte, der Abschied unerbittlich kam, meist in der Diele, wenn die Tür schon halb zugeschlagen war, steckte er seinen blassen Kopf mit den lebhaften schwarzen Augen noch einmal zurück und sagte, als sei es etwas Nebensächliches, mitten in die Angst der harrenden Familie hinein, zu deren jeweiligem Oberhaupt: »Übrigens, kannst du mir nicht ...?«
Die Summen, die er forderte, schwankten zwischen einer und fünfzig Mark. Fünfzig war das allerhöchste, im Laufe der Jahrzehnte hatte sich ein ungeschriebenes Gesetz gebildet, daß er mehr niemals verlangen dürfe. »Kurzfristig!« fügte er hinzu. Kurzfristig war sein Lieblingswort. Er kam dann zurück, legte seinen Hut noch einmal auf den Garderobenständer, wickelte den Schal vom Hals und fing an zu erklären, wozu er das Geld brauche. Er hatte immer Pläne,

unfehlbare Pläne. Er brauchte es nie unmittelbar für sich, sondern immer nur, um endlich seiner Existenz eine feste Grundlage zu geben. Seine Pläne schwankten zwischen einer Limonadenbude, von der er sich ständige und feste Einnahmen versprach, und der Gründung einer politischen Partei, die Europa vor dem Untergang bewahren würde.

Die Phrase »Übrigens, kannst du mir ...« wurde zu einem Schreckenswort in unserer Familie, es gab Frauen, Tanten, Großtanten, Nichten sogar, die bei dem Wort »kurzfristig« einer Ohnmacht nahe waren.

Onkel Otto – ich nehme an, daß er vollkommen glücklich war, wenn er die Treppe hinunterraste – ging nun in die nächste Kneipe, um seine Pläne zu überlegen. Er ließ sie sich durch den Kopf gehen bei einem Schnaps oder drei Flaschen Wein, je nachdem, wie groß die Summe war, die er herausgeschlagen hatte.

Ich will nicht länger verschweigen, daß er trank. Er trank, doch hat ihn nie jemand betrunken gesehen. Außerdem hatte er offenbar das Bedürfnis, allein zu trinken. Ihm Alkohol anzubieten, um dem Pumpversuch zu entgehen, war vollkommen zwecklos. Ein ganzes Faß Wein hätte ihn nicht davon abgehalten, beim Abschied, in der allerletzten Minute, den Kopf noch einmal zur Tür hereinzustecken und zu fragen: »Übrigens, kannst du mir nicht kurzfristig ...?«

Aber seine schlimmste Eigenschaft habe ich bisher verschwiegen: Er gab manchmal Geld zurück. Manchmal schien er irgendwie auch etwas zu verdienen; als ehemaliger Referendar machte er, glaube ich, gelegentlich Rechtsberatungen. Er kam dann an, nahm einen Schein aus der Tasche, glättete ihn mit schmerzlicher Liebe und sagte: »Du warst so freundlich, mir auszuhelfen, hier ist der Fünfer!« Er ging dann sehr schnell weg und kam nach spätestens zwei Tagen wieder, um eine Summe zu fordern, die etwas über der zurückgegebenen lag. Es bleibt sein Geheimnis, wie es ihm gelang, fast sechzig Jahre alt zu werden, ohne das zu haben, was wir einen richtigen Beruf zu nennen gewohnt sind. Und er starb keineswegs an einer Krankheit, die er sich durch seinen Trunk hätte zuziehen können. Er war kerngesund, sein Herz funktionierte fabelhaft, und sein Schlaf glich dem eines gesunden Säuglings, der sich vollgesogen hat und vollkommen ruhigen Gewissens der nächsten Mahlzeit entgegenschläft. Nein, er starb sehr plötzlich: Ein Unglücksfall machte seinem Leben ein Ende, und was sich nach seinem Tode vollzog, bleibt das Geheimnisvollste an ihm.

Onkel Otto, wie gesagt, starb durch einen Unglücksfall. Er wurde von einem Lastzug mit drei Anhängern überfahren, mitten im Getriebe der Stadt, und es war ein Glück, daß ein ehrlicher Mann ihn aufhob, der Polizei übergab und die Familie verständigte. Man fand in seinen Taschen ein Portemonnaie, das eine Muttergottes-Medaille enthielt, eine Knipskarte mit zwei Fahrten und vierundzwanzigtausend Mark in bar sowie das Duplikat einer Quittung, die er dem Lotterie-Einnehmer hatte unterschreiben müssen, und er kann nicht länger als eine Minute, wahrscheinlich weniger, im Besitz des Geldes gewesen sein, denn der Lastwagen überfuhr ihn kaum fünfzig Meter vom Büro des Lotterie-Einnehmers entfernt. Was nun folgte, hatte für die Familie etwas Beschämendes. In seinem Zimmer herrschte Armut: Tisch, Stuhl, Bett und Schrank, ein paar Bücher und ein großes Notizbuch, und in diesem Notizbuch eine genaue Aufstellung aller derer, die Geld von ihm zu bekommen hatten, einschließlich der Eintragung eines Pumps vom Abend vorher, der ihm vier Mark eingebracht hatte. Außerdem ein sehr kurzes Testament, das mich zum Erben bestimmte.

Mein Vater als Testamentsvollstrecker wurde beauftragt, die schuldigen Summen auszuzahlen. Tatsächlich füllten Onkel Ottos Gläubigerlisten ein ganzes Quartheft aus, und seine erste Eintragung reichte bis in jene Jahre zurück, wo er seine Referendarlaufbahn beim Gericht abgebrochen und sich plötzlich anderen Plänen gewidmet hatte, deren Überlegung ihn soviel Zeit und soviel Geld gekostet hatte. Seine Schulden beliefen sich insgesamt auf fast fünfzehntausend Mark, die Zahl seiner Gläubiger auf über siebenhundert, angefangen von einem Straßenbahnschaffner, der ihm dreißig Pfennig

für ein Umsteigebillett vorgestreckt hatte, bis zu meinem Vater, der insgesamt zweitausend Mark zurückzubekommen hatte, weil ihn anzupumpen Onkel Otto wohl am leichtesten gefallen war.
Seltsamerweise wurde ich am Tage des Begräbnisses großjährig, war also berechtigt, die Erbschaft von zehntausend Mark anzutreten, und brach sofort mein eben begonnenes Studium ab, um mich anderen Plänen zu widmen. Trotz der Tränen meiner Eltern zog ich von zu Hause fort, um in Onkel Ottos Zimmer zu ziehen, es zog mich zu sehr dorthin, und ich wohne heute noch dort, obwohl meine Haare längst angefangen haben, sich zu lichten. Das Inventar hat sich weder vermehrt noch verringert. Heute weiß ich, daß ich manches falsch anfing. Es war sinnlos, zu versuchen, Musiker zu werden, gar zu komponieren, ich habe kein Talent dazu. Heute weiß ich es, aber ich habe diese Tatsache mit einem dreijährigen vergeblichen Studium bezahlt und mit der Gewißheit, in den Ruf eines Nichtstuers zu kommen, außerdem ist die ganze Erbschaft dabei draufgegangen, aber das ist lange her.
Ich weiß die Reihenfolge meiner Pläne nicht mehr, es waren zu viele. Außerdem wurden die Fristen, die ich nötig hatte, um ihre Sinnlosigkeit einzusehen, immer kürzer. Zuletzt hielt ein Plan gerade noch drei Tage, eine Lebensdauer, die selbst für einen Plan zu kurz ist. Die Lebensdauer meiner Pläne nahm so rapid ab, daß sie zuletzt nur noch kurze, vorüberblitzende Gedanken waren, die ich nicht einmal jemand erklären konnte, weil sie mir selbst nicht klar waren. Wenn ich bedenke, daß ich mich immerhin drei Monate der Physiognomik gewidmet habe, bis ich mich zuletzt innerhalb eines einzigen Nachmittags entschloß, Maler, Gärtner, Mechaniker und Matrose zu werden, und daß ich mit dem Gedanken einschlief, ich sei zum Lehrer geboren, und aufwachte in der felsenfesten Überzeugung, die Zollkarriere sei das, wozu ich bestimmt sei . . .!
Kurz gesagt, ich hatte weder Onkel Ottos Liebenswürdigkeit noch seine relativ große Ausdauer, außerdem bin ich

kein Redner, ich sitze stumm bei den Leuten, langweile sie und bringe meine Versuche, ihnen Geld abzuringen, so abrupt, mitten in ein Schweigen hinein, daß sie wie Erpressungen klingen. Nur mit Kindern werde ich gut fertig, wenigstens diese Eigenschaft scheine ich von Onkel Otto als positive geerbt zu haben. Säuglinge werden ruhig, sobald sie auf meinen Armen liegen, und wenn sie mich ansehen, lächeln sie, soweit sie überhaupt schon lächeln können, obwohl man sagt, daß mein Gesicht die Leute erschreckt. Boshafte Leute haben mir geraten, als erster männlicher Vertreter die Branche der Kindergärtner zu gründen und meine endlose Planpolitik durch die Realisierung dieses Plans zu beschließen. Aber ich tue es nicht. Ich glaube, das ist es, was uns unmöglich macht: daß wir unsere wirklichen Fähigkeiten nicht versilbern können – oder wie man jetzt sagt: gewerblich ausnutzen.

Jedenfalls eins steht fest: Wenn ich ein schwarzes Schaf bin – und ich selbst bin keineswegs davon überzeugt, eines zu sein –, wenn ich es aber bin, so vertrete ich eine andere Sorte als Onkel Otto: Ich habe nicht seine Leichtigkeit, nicht seinen Charme, und außerdem, meine Schulden drücken mich, während sie ihn offenbar wenig beschwerten. Und ich tat etwas Entsetzliches: Ich kapitulierte – ich bat um eine Stelle. Ich beschwor die Familie, mir zu helfen, mich unterzubringen, ihre Beziehungen spielen zu lassen, um mir einmal, wenigstens einmal, eine feste Bezahlung gegen eine bestimmte Leistung zu sichern. Und es gelang ihnen. Nachdem ich die Bitten losgelassen, die Beschwörungen schriftlich und mündlich formuliert hatte, dringend, flehend, war ich entsetzt, als sie ernst genommen und realisiert wurden, und tat etwas, was bisher noch kein schwarzes Schaf getan hat: Ich wich nicht zurück, setzte sie nicht drauf, sondern nahm die Stelle an, die sie für mich ausfindig gemacht hatten. Ich opferte etwas, was ich nie hätte opfern sollen: meine Freiheit!

Jeden Abend, wenn ich müde nach Hause kam, ärgerte ich mich, daß wieder ein Tag meines Lebens vergangen war, der

mir nur Müdigkeit eintrug, Wut und eben so viel Geld, wie nötig war, um weiterarbeiten zu können; wenn man diese Beschäftigung Arbeit nennen kann: Rechnungen alphabetisch zu sortieren, sie zu lochen und in einen nagelneuen Ordner zu klemmen, wo sie das Schicksal, nie bezahlt zu werden, geduldig erleiden; oder Werbebriefe zu schreiben, die erfolglos in die Gegend reisen und nur eine überflüssige Last für den Briefträger sind; manchmal auch Rechnungen zu schreiben, die sogar gelegentlich bar bezahlt wurden. Verhandlungen mußte ich führen mit Reisenden, die sich vergeblich bemühten, jemand jenen Schund anzudrehen, den unser Chef herstellte. Unser Chef, dieses rastlose Rindvieh, der nie Zeit hat und nichts tut, der die wertvollen Stunden des Tages zäh zerschwätzt – tödlich sinnlose Existenz –, der sich die Höhe seiner Schulden nicht einzugestehen wagt, sich von Bluff zu Bluff durchgaunert, ein Luftballonakrobat, der den einen aufzublasen beginnt, während der andere eben platzt: Übrig bleibt ein widerlicher Gummilappen, der eine Sekunde vorher noch Glanz hatte, Leben und Prallheit.
Unser Büro lag unmittelbar neben der Fabrik, wo ein Dutzend Arbeiter jene Möbel herstellten, die man kauft, um sich sein Leben lang darüber zu ärgern, wenn man sich nicht entschließt, sie nach drei Tagen zu Anmachholz zu zerschlagen: Rauchtische, Nähtische, winzige Kommoden, kunstvoll bepinselte kleine Stühle, die unter dreijährigen Kindern zusammenbrechen, kleine Gestelle für Vasen oder Blumentöpfe, schundigen Krimskrams, der sein Leben der Kunst eines Schreiners zu verdanken scheint, während in Wirklichkeit nur ein schlechter Anstreicher ihnen mit Farbe, die für Lack ausgegeben wird, eine Scheinschönheit verleiht, die die Preise rechtfertigen soll.
So verbrachte ich meine Tage einen nach dem andern – es waren fast vierzehn – im Büro dieses unintelligenten Menschen, der sich selbst ernst nahm, sich außerdem für einen Künstler hielt, denn gelegentlich – es geschah nur einmal, während ich da war – sah man ihn am Reißbrett stehen, mit Stiften und Papier hantieren und irgendein wackliges Ding

entwerfen, einen Blumenständer oder eine neue Hausbar, weiteres Ärgernis für Generationen.
Die tödliche Sinnlosigkeit seiner Apparate schien ihm nicht aufzugehen. Wenn er ein solches Ding entworfen hatte – es geschah, wie gesagt, nur einmal, solange ich bei ihm war –, raste er mit seinem Wagen davon, um eine schöpferische Pause zu machen, die sich über acht Tage hinzog, während er nur eine Viertelstunde gearbeitet hatte. Die Zeichnung wurde dem Meister hingeschmissen, der sie auf seine Hobelbank legte, sie stirnrunzelnd studierte, dann die Holzbestände musterte, um die Produktion anlaufen zu lassen. Tagelang sah ich dann, wie sich hinter den verstaubten Fenstern der Werkstatt – er nannte es Fabrik – die neuen Schöpfungen türmten: Wandbretter oder Radiotischchen, die kaum den Leim wert waren, den man an sie verschwendete.
Einzig brauchbar waren die Gegenstände, die sich die Arbeiter ohne Wissen des Chefs herstellten, wenn seine Abwesenheit für einige Tage garantiert war: Fußbänkchen oder Schmuckkästen von erfreulicher Solidität und Einfachheit; die Urenkel werden auf ihnen noch reiten oder ihren Krempel darin aufbewahren: brauchbare Wäschegestelle, auf denen die Hemden mancher Generation noch flattern werden. So wurde das Tröstliche und Brauchbare illegal geschaffen.
Aber die wirklich imponierende Persönlichkeit, die mir während dieses Intermezzos beruflicher Wirksamkeit begegnete – war der Straßenbahnschaffner, der mir mit seiner Knipszange den Tag ungültig stempelte; er hob diesen winzigen Fetzen Papier, meine Wochenkarte, schob ihn in die offene Schnauze seiner Zange, und eine unsichtbar nachfließende Tinte machte zwei laufende Zentimeter darauf – einen Tag meines Lebens – hinfällig, einen wertvollen Tag, der mir nur Müdigkeit eingebracht hatte, Wut und eben so viel Geld, wie nötig war, um weiter dieser sinnlosen Beschäftigung nachzugehen. Schicksalhafte Größe wohnte diesem Mann in der schlichten Uniform der städtischen Bahnen inne, der

jeden Abend Tausende von Menschentagen für nichtig erklären konnte.
Noch heute ärgere ich mich, daß ich meinem Chef nicht kündigte, bevor ich fast gezwungen wurde, ihm zu kündigen; daß ich ihm den Kram nicht hinwarf, bevor ich fast gezwungen wurde, ihn hinzuwerfen: Denn eines Tages führte mir meine Wirtin einen finster dreinblickenden Menschen ins Büro, der sich als Lotterie-Einnehmer vorstellte und mir erklärte, daß ich Besitzer eines Vermögens von 50 000 DM sei, falls ich der und der sei und sich ein bestimmtes Los in meiner Hand befände. Nun, ich war der und der, und das Los befand sich in meiner Hand. Ich verließ sofort ohne Kündigung meine Stelle, nahm es auf mich, die Rechnungen ungelocht, unsortiert liegenzulassen, und es blieb mir nichts anderes übrig, als nach Hause zu gehen, das Geld zu kassieren und die Verwandtschaft durch den Geldbriefträger den neuen Stand der Dinge wissen zu lassen.
Offenbar erwartete man, daß ich bald sterben oder das Opfer eines Unglücksfalles werden würde. Aber vorläufig scheint kein Auto ausersehen, mich des Lebens zu berauben, und mein Herz ist vollkommen gesund, obwohl auch ich die Flasche nicht verschmähe. So bin ich nach Bezahlung meiner Schulden der Besitzer eines Vermögens von fast 30 000 DM, steuerfrei, bin ein begehrter Onkel, der plötzlich wieder Zugang zu seinem Patenkind hat. Überhaupt, die Kinder lieben mich ja, und ich darf jetzt mit ihnen spielen, ihnen Bälle kaufen, sie zu Eis einladen, Eis mit Sahne, darf ganze riesengroße Trauben von Luftballons kaufen, Schiffschaukeln und Karusselle mit der lustigen Schar bevölkern.
Während meine Schwester ihrem Sohn, meinem Patenkind, sofort ein Los gekauft hat, beschäftige ich mich jetzt damit, zu überlegen, stundenlang zu grübeln, wer mir folgen wird in dieser Generation, die dort heranwächst; wer von diesen blühenden, spielenden, hübschen Kindern, die meine Brüder und Schwestern in die Welt gesetzt haben, wird das schwarze Schaf der nächsten Generation sein? Denn wir sind eine charakteristische Familie und bleiben es. Wer wird brav sein bis

zu jenem Punkt, wo er aufhört, brav zu sein? Wer wird sich plötzlich anderen Plänen widmen wollen, unfehlbaren, besseren? Ich möchte es wissen, ich möchte ihn warnen, denn auch wir haben unsere Erfahrungen, auch unser Beruf hat seine Spielregeln, die ich ihm mitteilen könnte, dem Nachfolger, der vorläufig noch unbekannt ist und wie der Wolf im Schafspelz in der Horde der anderen spielt ...
Aber ich habe das dunkle Gefühl, daß ich nicht mehr so lange leben werde, um ihn zu erkennen und einzuführen in die Geheimnisse; er wird auftreten, sich entpuppen, wenn ich sterbe und die Ablösung fällig wird, er wird mit erhitztem Gesicht vor seine Eltern treten und sagen, daß er es satt hat, und ich hoffe nur insgeheim, daß dann noch etwas übrig sein wird von meinem Geld, denn ich habe mein Testament verändert und habe den Rest meines Vermögens dem vermacht, der zuerst die untrüglichen Zeichen zeigt, daß er mir nachzufolgen bestimmt ist ...
Hauptsache, daß er ihnen nichts schuldig bleibt.

5. Ursula Wölfel: Hannes fehlt

Sie hatten einen Schulausflug gemacht. Jetzt war es Abend, und sie wollten mit dem Autobus zur Stadt zurückfahren. Aber einer fehlte noch. Hannes fehlte. Der Lehrer merkte es, als er die Kinder zählte.
»Weiß einer etwas von Hannes?« fragte der Lehrer.
Aber keiner wußte etwas.
Sie sagten: »Der kommt noch.«
Sie stiegen in den Bus und setzten sich auf ihre Plätze.
»Wo habt ihr ihn zuletzt gesehen?« fragte der Lehrer.
»Wen?« fragten sie. »Den Hannes? Keine Ahnung. Irgendwo. Der wird schon kommen.«
Draußen war es jetzt kühl und windig, aber hier im Bus hatten sie es warm. Sie packten ihre letzten Butterbrote aus.
Der Lehrer und der Busfahrer gingen die Straße zurück.

Einer im Bus fragte: »War der Hannes überhaupt dabei? Den hab ich gar nicht gesehen.«
»Ich auch nicht«, sagte ein anderer.
Aber morgens, als sie hier ausstiegen, hatte der Lehrer sie gezählt, und beim Mittagessen im Gasthaus hatte er sie wieder gezählt, und dann noch einmal nach dem Geländespiel. Da war Hannes also noch bei ihnen.
»Der ist immer so still«, sagte einer. »Von dem merkt man gar nichts.«
»Komisch, daß er keinen Freund hat«, sagte ein anderer, »ich weiß noch nicht einmal, wo er wohnt.«
Auch die anderen wußten das nicht.
»Ist doch egal«, sagten sie.
Der Lehrer und der Busfahrer gingen jetzt den Waldweg hinauf. Die Kinder sahen ihnen nach.
»Wenn dem Hannes jetzt etwas passiert ist?« sagte einer.
»Was soll dem passiert sein?« rief ein anderer. »Meinst du, den hätte die Wildsau gefressen?«
Sie lachten. Sie fingen an, sich über die Angler am Fluß zu unterhalten, über den lustigen alten Mann auf dem Aussichtsturm und über das Geländespiel.
Mittenhinein fragte einer: »Vielleicht hat er sich verlaufen? Oder er hat sich den Fuß verstaucht und kann nicht weiter. Oder er ist bei den Kletterfelsen abgestürzt?«
»Was du dir ausdenkst!« sagten die anderen.
Aber jetzt waren sie unruhig. Einige stiegen aus und liefen bis zum Waldrand und riefen nach Hannes. Unter den Bäumen war es schon ganz dunkel. Sie sahen auch die beiden Männer nicht mehr. Sie froren und gingen zum Bus zurück.
Keiner redete mehr. Sie sahen aus den Fenstern und warteten. In der Dämmerung war der Waldrand kaum noch zu erkennen.
Dann kamen die Männer mit Hannes. Nichts war geschehen. Hannes hatte sich einen Stock geschnitten, und dabei war er hinter den anderen zurückgeblieben. Dann hatte er sich etwas verlaufen.

Aber nun war er wieder da, nun saß er auf seinem Platz und kramte im Rucksack.
Plötzlich sah er auf und fragte: »Warum seht ihr mich alle so an?«
»Wir? Nur so«, sagten sie.
Und einer rief: »Du hast ganz viele Sommersprossen auf der Nase!«
Sie lachten alle, auch Hannes.
Er sagte: »Die hab ich doch schon immer.«

6. Christian Marti: Nachruf auf einen (zu wenig) berühmten Mathematiker

Als persönlicher Freund des Verstorbenen will ich hier bei seiner Bestattung sein trauriges Schicksal nicht weiter theologisch interpretieren; diese Aufgabe fällt dem Herrn Pfarrer zu. Ich möchte nur dazu beitragen, daß sich Ihnen die Persönlichkeit meines Freundes unauslöschlich ins Gedächtnis prägt.
Als ich Herrn Shanks vor etwa zwanzig Jahren kennenlernte, war er bereits auf dem Gipfel seines Ruhmes angelangt. Sein ernstes, stilles und bescheidenes Wesen vermochte jeden in seinen Bann zu schlagen. Oft besuchte ich ihn in seiner düsteren Wohnung im rußigen und nebligen Industriequartier unserer ehemals schönen Stadt. Fast immer saß er hinter einem Stapel von Zetteln, die mit kleinen Zahlen und Zeichen übersät waren. Er rechnete unglaublich rasch und sicher, nahm sich aber die Zeit, jede Rechnung mehrmals zu kontrollieren, obwohl er nie einen Fehler fand. Wenn ich kam, stand er auf, stellte ein Glas Mineralwasser vor mich hin und teilte mir die neuesten Ergebnisse seiner Arbeit mit. Sonst war er sehr schweigsam. Das wenige, das er über seine Vergangenheit erzählte, sei kurz zusammengefaßt:
Er wurde als Sohn eines Textilarbeiters hier in Manchester geboren. Weil seine Eltern arm waren, arbeitete er tagsüber

zwölf Stunden in der Fabrik und besuchte nur abends die Volksschule. Seine Schulleistungen waren um vieles besser als diejenigen seiner Kameraden, weil er als einziger trotz seiner Übermüdung aufmerksam und fleißig war. Obwohl er vermutlich nicht überdurchschnittlich intelligent war, erkämpfte er sich den Weg an eine höhere Schule und schließlich an die mathematisch-naturwissenschaftliche Fakultät, wo er bei einem Enkel Newtons studierte. Mit einer systematisch-vergleichenden Arbeit über mathematische Arithmetikanalyse erwarb er sich den Doktorhut. Nach wenigen Jahren als Assistent wurde er wegen seines ungeheuren Wissens zum Ordinarius für höhere Mathematik, insbesondere der Arithmetik, befördert. Er lebte sehr zurückgezogen, gelangte aber nach mehreren Jahren stiller Beschäftigung an die mathematisch interessierte Öffentlichkeit: er hatte die Zahl Pi auf hundert Stellen genau errechnet, und damit alle seine Vorgänger auf diesem Gebiet, beispielsweise Mr. Ludolf aus Deutschland, weit in den Schatten gestellt.
Die Revolution der Mathematik war ungeheuer: nun war es möglich, den Erddurchmesser auf ein mμ, das heißt auf einen Millionstel Millimeter, genau zu berechnen und damit die Expansionstheorie Alfred Wegeners[1] von Tag zu Tag zu überprüfen, da man nur noch den Erdumfang täglich ausmessen mußte.
Ich will nicht weiter auf mathematische Fragen eingehen, sondern von einem neuen überraschenden Ereignis erzählen: Herr Shanks veröffentlichte bereits nach drei Jahren die nächsten fünfzig Ziffern von π. Die riesige Leistung des Verstorbenen vermag wohl nur der zu würdigen, der weiß, daß mit jeder weitern Stelle die Berechnung um vieles komplizierter wird, da man mit einer sogenannten Rekursionsformel arbeitet, in die das vorherige Resultat immer wieder eingesetzt wird.
Als Herr Shanks, unermüdlich arbeitend, bei dreihundert

1 Alfred Wegener (1880–1930), Geophysiker und Meterologe, hat eine Kontinentalverschiebungstheorie entwickelt, nach der ein Urkontinent zu den heutigen Kontinenten zerfallen und auseinandergetriftet ist.

Stellen angelangt war, lernte ich ihn zufällig kennen. Ich habe schon erwähnt, daß er mich immer in seine Arbeit einweihte. Dies konnte mehrere Minuten, später bis zu einer Viertelstunde dauern, da mir mein Freund immer die ganze Zahl π vorlas. Die ersten Zahlen will ich hier wiedergeben, soweit sie mir durch das ständige Wiederholen im Gedächtnis geblieben sind: 3 Komma 14159265358979323846264338327950288419716939937510. Daraus kann übrigens jeder leicht sehen, daß mindestens diese fünfzig Stellen nicht auf einen periodischen Dezimalbruch schließen lassen.

Von Zeit zu Zeit ließ Herr Shanks seine Ergebnisse samt allen Berechnungen publizieren; aber er ließ sich sehr ungern von sensationslustigen Verlegern hetzen. Seiner Arbeit zuliebe gab er später sogar seinen Lehrstuhl auf und widmete sich ganz seinem Lebenswerk. Zeitweise riegelte er sich in seinem Zimmer ein und blieb, ohne zu essen oder zu schlafen, höchstens mit einem Glas Tee und einigen Zigaretten versorgt, mehrere Tage eingeschlossen, bis er den sehr schwierigen Schluß der Berechnung einer neuen Ziffer hinter sich hatte. Darauf schlief er immer überglücklich an seinem verstaubten Schreibtisch ein und war einen Tag lang nicht zu wecken. Doch dann setzte er sich bald wieder hinter die Berechnungen, vom Wunsche beseelt, der Menschheit mindestens die ersten tausend Ziffern von π zu schenken.

Als er, siebzigjährig, gerade an der Ausrechnung der 782sten Ziffer stand und bereits schreibtischgroße Papierbogen benutzte, um noch wenigstens eine halbe Division auf ein Blatt zu bringen, traf ihn die Nachricht, die sein Lebenswerk zu einem Nichts herabwürdigte. Längere Zeit war es seinen Angehörigen gelungen, die Zeitungen mit der Unglücksbotschaft von ihm fernzuhalten, doch einmal hörte er am Radio eine Reportage über die Erfindung des Computers, die ein findiger Bastler auf dem Kontinent gemacht hatte. Unter dem Thema »Anwendbarkeit des Elektronengehirns« fiel die folgende Bemerkung: »Ein Mathematikstudent hat in zwei Tagen bereits die ersten dreitausend Ziffern von π herausgebracht, wobei sich übrigens herausstellte, daß in der

früher so sehr gefeierten Rechnung von Herrn Professor Doktor Shanks ein Fehler steckt. Bereits die 235ste Ziffer ist falsch, und somit stimmen auch die restlichen 515 schon publizierten Ziffern nicht. An der Richtigkeit der vom Computer errechneten Zahl kann kein Zweifel sein.«
Der Rest ist schnell erzählt: Herr Shanks setzte sich hinter seine Rechnungen und begann sie nachzuprüfen. Dabei mußte er natürlich ganz vorn einsetzen, da sich ein Fehler auch erst sehr spät bemerkbar machen kann. Mein Freund aß kaum und wurde nun rasch schwächer. Er war ein geistig gebrochener, für die Nachwelt lächerlich gewordener Mann. Dennoch klagte er nie. Bei meinen Besuchen war er noch schweigsamer als vorher, manchmal rechnete er auch ganz einfach weiter. Deshalb habe ich ihn auch in letzter Zeit kaum mehr besucht. Man kann nicht überrascht sein, daß der ausgemergelte Körper die seelische Belastung nicht mehr lange ertrug; am Sonntagabend ist Herr Shanks bei der Kontrolle der 113ten Ziffer gestorben, ohne den Fehler gefunden zu haben.
Ich bitte Sie alle, den Verstorbenen nicht wegen seines Fehlers zu verachten, sondern ihm ein ehrendes Andenken zu bewahren.

7. Hans Joachim Schädlich: Nirgend ein Ort

I

Die jüngeren werfen ihn zu Boden, es ist ein Jagdspiel. Er kommt los, weil er greller schreit. Wenn er umringt bleibt, stoßen sie ihn mit Holzstöcken. Die Arme hängen vor dem Leib von eingefallenen Schultern. Sie geben ihm eine Lücke, den Fuß zieht er nach.
Die Angst ist größer, seit die anderen zur Schule gehen. Auf dem Schulhof, in den Pausen, sucht er seine Jäger. Nach dem Unterricht ist Schulzeit für ihn, der Hausmeister kehrt die Klassenzimmer, H. streut Sägespäne. Er erkennt den Ge-

ruch von Kreidestaub und Fußbodenöl aus den Kleidern der Feinde.
Buntes Kino oder schwarzweißes, den großen Plakatgesichtern zusehen, fürs Stühletragen im Freilichtkino umsonst. Die dünnen Arme halten nur einen großen Bogen Gesichter, die langen Arme halten einen großen Gesichterbogen sehr hoch. Ankleben, einen behalten jede Woche. Und Taschengeld vom Lichtspiel.
Wegen Kuchen, hauptsächlich Blechkuchen, manchmal Torte, hilft H. beim Bäcker. In den Laden kommt er nicht. Leute sagen, Der mischt Gips unters Mehl.

2

Er merkt gar nicht, daß es ins Lazarett geht. Da ist es so ruhig, schön liegt es sich. Um nichts braucht man sich zu kümmern. Beinahe drei Wochen liegt er so schön ruhig. Alle kümmern sich. So könnte man ewig liegen. Er merkt gar nicht, daß er nicht ewig so liegt.
Ist ja vielleicht auch besser so für ihn, sagen Leute.

3

Daß Kohlenträger Bierdurst haben, abends, im Juni, wenn sie den ganzen Tag Kohlen schleppen, bei jedem Gang in den Keller einen vollen Zentner auf dem Rücken, immer Kohlenstaub zwischen den Zähnen, im Keller ist es besonders schlimm, das kann man sich vorstellen. Bier und Korn, doppelte. Ein Sachbearbeiter aus dem großen Lazarett trinkt was mit. Dem Fleischergesellen ist auch danach.
Im Freien schmeckt es besser als drin. Am See, neben dem Freilichtkino, ist ein Ausschank, der gehört zum Restaurant auf der anderen Straßenseite, Tische und Stühle unter alten Kastanien.
Die leeren Gläser räumt H. ab, viel kann er nicht tragen auf einmal, geht er eben öfter.
Was der große Kohlenträger sagen muß, muß er jetzt sagen. Nimm die Pfoten von den Gläsern, du verdammter Gipsmischer, willst uns wohl vergiften, was? sauf deine Pisse selber, alte Ratte, hau ab hier, du Verbrecher du.

H. geht fort vom Tisch, zum Kino hinüber, der Fleischer muß es aber auch mal sagen, Mißgeburt versaute, und der kleine Kohlenträger auch, und der Sachbearbeiter aus dem großen Lazarett auch, Verbrecherschnauze.

Er kann auch zum See gehen, am Ufer stehen Bänke, oder doch zum Freilichtkino, oder auf die Straße, nach Hause. Er dreht sich um und geht zurück zum Tisch.

Die Hände suchen Halt in der kalten Luft, die Füße helfen nicht, und was soll denn gesagt werden, Ein Verbrecher bin ich? ein Verbrecher? Die Hände halten sich fest, daß sie weiß sind, und lassen sich los: wollen die durstigen Kehlen zerschlagen.

Nach paar Bieren und Korn, doppelten, können drei Männer leicht vom Tisch aufstehen, und ein Kohlenträger hält ihn fest, und ein Fleischer haut seine Faust in ein kleines Zerrbild, und ein Kohlenträger schlägt in eine große Angst, und drei Männer schlagen in helle und dunkle Schreie. Wie lange, nicht lange, hinzuwerfen brauchen sie ihn nicht, der Kohlenträger hält ihn nicht länger.

Das ist zu wenig für viel Wut. Sie zerren ihn an den Beinen, da könnten sie den zerreißen. Zwei knien nieder, in die Erde müßten sie ihn schlagen, und einer kniet auf ihm, zerschlägt ihn, Du Hund, jetzt hast du genug.

Drei Männer sind in Fahrt gekommen, Erst mal 'n Schluck Bier.

Still liegt H. auf dem Rücken, die Beine gespreizt, ein kleiner blutiger Kopf zwischen den ausgebreiteten Armen, Der Hampelmann der.

Der Wirt ist da, muß was tun, er setzt ihn mal auf einen Gartenstuhl, Der sitzt nicht, hält er ihn eben fest, Wo sind denn die Schuhe?

Reinlich ist sein Hemd nicht, Sand, vom Kopf Blut, und die Fäuste.

Müssen wir die Drecksau auch noch waschen, zwei genügen, ziehen sie ihn an den Armen zum See, tun ihn ins Wasser, die Füße bleiben draußen.

Zigarette? Tut drei Männern gut jetzt, in der Abendluft, am Seeufer.
Aus dem Wasser kann ihn einer allein ziehen, faßt seine Füße und zieht, Bloß noch Abfall.

4

Am nächsten liegt das große Lazarett, auf der anderen Ortsseite. Er braucht nicht zu atmen, oder zu essen, oder zu trinken. Bloß der Kopf bleibt stumm. In der dritten Woche nach dem Tag am See kann er sterben.

5

Der hat ja noch drei Wochen gelebt, das kann es na also nicht gewesen sein, sagen sie.

8. Kurt Marti: Ein seltener Vogel

Ich habe R. getroffen. Kurz nach Mittag war's, unter den Lauben.
R., schätze ich, ist Mitte Dreißig. Wohnt er immer noch in dem Dorf, 12 oder 15 Kilometer von Bern?
Ja, sagt er, natürlich, wir haben ein Haus gebaut.
R. ist verheiratet. Zwei Kinder.
Und was treibt er immer, wie geht es ihm? Ist er nicht Bauführer?
Nicht mehr, sagt R., jetzt arbeite ich hier in der Stadt, da drüben, um die Ecke. Ich hatte Glück und bekam eine Stelle in der Verwaltung.
Ja, sagt er, es gefalle ihm gut.
Dann, schließe ich scheinbar logisch, müsse er also jeden Tag mit dem Wagen hin- und herfahren.
Nein, sagt er, ich fahre mit dem Zug.
Nun ja, das Problem mit dem Parkieren in der Innenstadt, auch das ist bekannt und viel beklagt.
R. lacht. Ich habe mein Auto verkauft, sagt er.
Verkauft?
Beruflich, sagt er, brauche ich eigentlich keinen Wagen mehr.

Auch kostet mich selbst ein kleines Auto rund viertausend »Stütz«[2] im Jahr. Ich brauche das Geld jetzt für gescheitere Dinge, die mir wirklich Spaß machen, die sinnvoller sind.
Was für ein seltener Vogel! Ein Nonkonformist sozusagen. Einer, der gegenläufig zur allgemeinen Automobilmachung demobilisiert hat. Damit macht er sich das Leben beschwerlicher, umständlicher, das ist klar. Inskünftig werden er und seine Familie weniger mobil sein als bisher. Das Einkaufen wird mühsamer werden, er kann samstags nicht mehr einfach zum Supermarkt fahren und sein Auto mit all den Nahrungsmitteln, Waren für den wöchentlichen Bedarf der Familie füllen. Unbequemlichkeit erwartet ihn und seine Frau. Er muß sich jetzt die Abfahrtszeiten der Züge merken, sich zum Sklaven des Fahrplans erniedrigen, zum Bahnhof rennen. Abends, wenn er aus der Stadt etwas für den Haushalt mit heimbringen sollte, muß er die Sachen in den städtischen Bahnhof schleppen, dann vom Dorfbahnhof nach Hause. Er verzichtet also auf die Vorteile des Von-Haus-zu-Haus-Transportes.
Kurz und schlecht: mit dem Verkauf seines Wagens (und dem Nichterwerb eines neuen) gibt R. Freiheiten preis, auf welche hinzuweisen Autogewerbe und Automobilverbände nicht müde werden.
Ein Spinner also? Ein heimlicher Masochist? Pfiffig kann er jedenfalls nicht sein. Als Nichtautomobilist hilft er ja mit seinen Steuern weiterhin (es bleibt ihm nichts anderes übrig) die enormen Kosten, Nebenkosten, Folgekosten tragen, welche die Automobilmachung verursacht. Unerbittlich fordern Automobilisten vom öffentlichen Verkehr, daß er selbsttragend sein müsse. Sie selber halten es für selbstverständlich, daß die Öffentlichkeit für Bau und Unterhalt von Straßen und Verkehrsanlagen, für das entsprechende Personal (Polizisten usw.) aufkommt, weit über das hinaus, was Benzinzoll und Motorfahrzeugsteuern einbringen. Nach Schätzungen kompetenter Fachleute müssen wohl viele

2 Mehrzahl von »Stutz«: schweizerisch-umgangssprachliche Bezeichnung für den Franken.

Autofahrer das gezwungenermaßen tun, was R. von sich aus machte, falls an den Automobilverkehr dieselbe Forderung gestellt würde wie an den öffentlichen Verkehr, nämlich daß er selbsttragend zu sein habe. Dazu wird es natürlich nicht kommen. Die Automobilisten sind die Mehrheit, und diese Mehrheit wird einer stärkeren Belastung des Privatverkehrs niemals zustimmen.

Dennoch will R. sich von der begünstigten Mehrheit zur benachteiligten Minderheit schlagen? Obgleich er für den Staat ein »billiger« Bürger geworden ist, dessentwegen keine Parkplätze und neue Straßen gebaut oder alte ausgebessert werden müssen, wird er von den Steuern nichts abziehen können, denn R. gehört jetzt zu den Einzelgängern, hinter denen keine Industrie, kein Gewerbe, keine mächtigen Interessenverbände stehen. Auf Leute wie R. braucht man nicht Rücksicht zu nehmen. Daß sie niemanden zum Krüppel oder zu Tode fahren werden, wird ihnen ebensowenig honoriert wie die Tatsache, daß sie Landschaft und Stadt nicht mit der Emission von Bleiabgasen belasten, die für immer in den Kreislauf der Natur kommen und auch dazu führen, daß in gewissen Städten bereits der Organismus von Kleinkindern in bedenklich hohem Grad »verbleit« ist. Hier zeichnen sich Folgeerscheinungen, auch Folgekosten der Automobilmachung ab, von denen kaum jemand spricht, weil Autofahren zu praktisch, zu schön ist: »Fernweh und der Drang zu Abenteuern verbinden sich mit dem Wunsch nach Geborgenheit in den eigenen vier Wänden: das Auto als ein Heim im kleinen, oft liebevoll geschmückt mit Sofakissen und Püppchen, verbindet das Zuhause mit äußerster Mobilität und jenem Rausch der Geschwindigkeit, der schon eine sexuelle Ersatzbefriedigung ausmacht.« So beschreibt Arno Plack die Automobilwonne in seinem Buch *Ohne Lüge leben*.

Nein, R. hat Plack bestimmt nicht gelesen. Aber die beschriebenen, Mobilität und Eigenheimbehaglichkeit verbindenden Wonnen kennt resp. kannte er ebenfalls.

Um so unbegreiflicher, daß er jetzt auf all das, was heute zur Lebensqualität gerechnet wird, verzichten will.

R. geht auch jene Unerbittlichkeit ab, die Arno Plack weiter sagen läßt: »Da Millionen reines Stillsitzen in häuslicher Enge nicht aushalten, zugleich aber dem Leib so entfremdet sind, daß sie nicht mehr wandern und radfahren, müssen immer noch mehr Autostraßen gebaut werden, müssen noch mehr Flußufer in Straßen umbetoniert werden und Wälder mitsamt dem Wildwechsel zerschnitten werden. Man sage nicht, der steigende Lastwagenverkehr fordere immer größere und breitere Straßen. Es ist schon der Pkw-Verkehr, der namentlich an Sonn- und Feiertagen noch die Parallelstraßen der großen Verkehrswege füllt und verstopft. Eine falsche Verkehrspolitik nach dem Motto ›Straße statt Schiene‹ tut freilich ein übriges, um die Landschaft und das Klima zu zerstören: durch immer noch mehr Autostraßen und Autoabgase.«
Nein, so grimmig, so grundsätzlich argumentiert R., der Praktiker, nicht. Er ist kein Wandervogel- oder Fahrradideologe, nicht einmal ein vehementer Umweltschützer. Er erzählt einfach, mit einem Lachen im Gesicht, daß er sein Auto verkauft habe, weil er es nicht mehr brauche und das Geld statt dessen für Dinge verwenden wolle, die ihm mehr Spaß machen. Ich habe ihn nicht näher über diese »Dinge« befragen können, weil ich auf dem Weg zu einer Sitzung, er auf dem Weg zum neuen Arbeitsplatz war.
Die Begegnung mit dem erstaunlichen R. veranlaßte mich, das wohl erste literarische Zeugnis der Automobilwonnen aus dem Bücherregal zu nehmen und nostalgisch darin zu blättern, zu lesen. Es ist 1906 in Berlin erschienen. Sein Titel: *Mit der Kraft Automobilia*. Sein Verfasser: Otto Julius Bierbaum.
Enthusiastisch beschreibt Bierbaum Autoreisen durch Deutschland, die Schweiz und Italien. Das Benzin mußte damals noch beim Apotheker eingekauft werden! Doch, versichert der Enthusiast, sei das selbst in Italien nie ein Problem gewesen. Statt von Auto ist von »Laufwagen« die Rede. Das Buch ist ein begeistertes Plädoyer für das neue Vehikel, das nur Philister als stinkende »Explosionskarre« ablehnen

könnten. Das Automobil, so lautet Bierbaums überraschende These, sei eine Rückkehr zur Poesie des Biedermeiers. Im »Laufwagen« lebe »die Reisekutsche mit all ihrer Fülle und Poesie wieder auf, nur unendlich bereichert um köstliche Möglichkeiten des intensiveren und gleichzeitig erweiterten Genusses«. Freilich erkennt bereits der literarische Autopionier: »Ein ewiges Prestissimo kann der Menschheit auf die Dauer unmöglich guttun.« Deshalb wird vor dem »Rasewahn« gewarnt, wird der Autozukunft ins Stammbuch geschrieben: »Lerne zu reisen, ohne zu rasen!« Klar erkennt Bierbaum die Vorteile des Automobils gegenüber der Eisenbahn: »Die Eisenbahn transportiert uns – und das ist der direkte Gegensatz des Reisens. Wir sind zur Passivität verurteilt – und Reisen bedeutet freieste Aktivität«: und die eben ermöglicht die »Kraft Automobilia«. Bierbaums Hoffnung ist es sogar, daß das Automobil wieder zu Goethe zurückführen werde, nachdem die Eisenbahn von diesem weggeführt habe.

Hoffnung des Jahres 1906! Damals war das Auto noch ein Luxus, dessen Genuß, so Bierbaum, ich »nicht meinen Einkünften als deutscher Dichter, sondern der Freundlichkeit des Verlags August Scherl GmbH verdanke, der mir den Wagen für die Dauer der Reise zur Verfügung gestellt hat«.

Offenbar haben sich die Schweizer des Jahrhundertanfangs für Bierbaums Laufwagen nicht interessiert. Während Deutsche und Italiener das neue Motorfahrzeug neugierig gemustert hätten, habe es in der Schweiz nur »kuhäugiges Erstaunen« hervorgerufen. Bierbaum: »Wo wir sonst hielten, um Wasser nachzufüllen oder sonst aus einem mit dem Wagen zusammenhängenden Grunde, kamen die Leute von allen Seiten herbei und trachteten, den Motor so nahe und so genau wie möglich anzusehen, Fragen zu stellen. Hier, in der Schweiz, nichts von alledem . . . Die gehen mit einem Ausdruck vorüber, als wollten sie sagen: Gottlob, daß wir Enkel des Tell davon entfernt sind, derlei Unfug mitzumachen.«

Seit 1906 hat sich die Schweiz gründlich verändert. Die Enkel

Tells sind nahezu vollmotorisiert, ohne daß selbst der enragierteste TCS- oder ACSler[3] deswegen wird behaupten wollen, wir seien damit wieder zu Goethe zurückgekehrt ...
Und nun dieser R., ein Enkel Tells, der sein Auto wiederum verkauft hat. Ein Nonkonformist, ein seltener Vogel.
Ah ja, das hat er, unter den Lauben, noch gesagt: »Ich habe jetzt jeden Tag Zeit zum Lesen. Morgens eine Viertelstunde im Zug, abends eine Viertelstunde – macht eine halbe Stunde Lektüre pro Tag.«

9. Hans Ingebrand: Nimm mich auf

Eines Morgens wirst Du aus dem Schlaf gerissen, und vor Deinem Bett kniet eine braune Gestalt mit schwarzen Augen. Du hörst eine Stimme, aber Du verstehst sie nicht. Du siehst ein paar Hände, die sich Dir entgegenstrecken, aber Du hältst sie nicht für real. Und erst allmählich begreifst Du: Das ist eine andere Welt. Das ist nicht Europa. Das ist Afrika, Asien, Lateinamerika. Das ist Äthiopien, Pandschab, Bengalen oder Nicaragua. Da kommt einer von weit her und spricht: Ich habe Hunger. Ich habe meine Kuh verkaufen müssen. Ich habe meine Hütte verkaufen müssen. Ich habe meinen Acker verkaufen müssen, meine Tochter. Ich habe erlebt, wie der weiße Gott aus meinem Boden das Öl herausholte, das Kupfer und Mangan. Ich mußte zusehen, wie er mit großen Maschinen und Giften den Wald tötete und die Geister der Tiere. Ich habe umsonst zu meinen Göttern und zu meinen verstorbenen Ahnen gefleht, daß sie mir den Regen schickten, damit die Dürre aufhörte. Nun bin ich hier, weißer Gott, denn Du bist stärker als meine Götter und meine verstorbenen Ahnen, und ich bitte Dich: Nimm mich auf.
Nein-nein: Das hast Du nicht geträumt. Das ist nicht eine

3 *TCS*: Touring-Club der Schweiz. *ACS*: Automobil-Club der Schweiz.

neue Talk-Show. Das ist nicht der Bericht im *Stern* von Leni Riefenstahl[4]. Das ist Dein Nächster, live.
Hast Du ihn nicht schon gesehen auf der Straße, wie er Dir entgegenkam mit unsicheren Schritten und einem Zettel in der Hand? Hat er Dir nicht schon in der U-Bahn und im Bus seinen Platz angeboten, Dich nach einer Adresse gefragt? Erinnerst Du Dich noch daran, wie Du als Tourist in Istanbul warst und der türkische Schuhputzer vor Dir kniete? Achja, denkst Du: die alte Leier, schon wieder die Moralpauke, und Du hast recht: Das alles kennst Du schon. Das alles wäre für Dich eine zusätzliche Belastung. Und Du hast wahrlich Sorgen genug –:
Die Sorge mit Deinen Kindern. Die Sorgen um Deine Ehe. Die Sorgen in Deinem Beruf. Die Sorgen mit der Mieterhöhung. Die Sorgen um Deine Gesundheit. Die Sorgen um das Studium Deines Sohnes.
Die Sorgen mit Deiner Rentenversicherung. Die Sorgen mit Deiner Krankenversicherung. Die Sorgen mit Deiner Lebensversicherung. Die Sorgen mit Deiner Feuerversicherung. Die Sorgen mit Deiner Unfallversicherung. Die Sorgen mit Deiner Versicherung gegen Diebstahl und Hausratsschäden.
Die Sorgen um die Finanzierung Deines neuen Wagens. Die Sorgen um die Finanzierung Deines Zweitwagens. Die Sorgen um die Finanzierung Deiner Eigentumswohnung. Die Sorgen um die Finanzierung Deiner Kellerbar. Die Sorgen um die Finanzierung Deines Urlaubs in Afrika, Griechenland oder auf den Balearen.
Du hast wirklich Sorgen genug, als daß Du Dich noch mit Zusätzlichem belasten könntest. Du bist voll ausgelastet. Ist es nicht schon genug, wenn Du Spenden gibst? Brot für die Welt? Hast Du nicht ein gutes Verhältnis zu Deinem türkischen Arbeitskollegen? Habt Ihr nicht schon gut zusammengearbeitet? Bist Du noch nie bedient worden in einem Restaurant von einem dunkelhäutigen Kellner? War das für

4 Leni Riefenstahl (geb. 1902), Filmschauspielerin und -regisseurin; Fotografin (u. a. Fotoberichte über exotische Völker).

Dich eine Belastung? Vielleicht hättest Du auch etwas lernen können von diesen Fremden: eine neue Melodie, ein neues Kochrezept, eine neue Art zu leben, die Ruhe zu gewinnen, die Dir schon längst verlorenging. Was hättest Du getan, wenn er heute vor Deinem Bett kniete?

Hättest Du Dir eingeredet, es gäbe ihn nicht? Hättest Du mit dem Fuß nach ihm getreten? Hättest Du das Haus zusammengeschrieen? Die Polizei verständigt, eine Anzeige erstattet wegen Ruhestörung, Hausfriedensbruch? Hättest Du ihn nett gefunden? Hättest Du ihn zu Dir genommen? Hättest Du ihm zu essen gegeben? Hättest Du ihm zu trinken gegeben? Hättest Du Deinen Nerz mit ihm geteilt? Dein Haus, Dein Bankkonto, Deine Jacht? Was hättest Du getan? Du hättest schließlich nicht gewußt, wer er war. Du hättest in der Zeitung gelesen von Schleppern und Schwindlern, von Polizeiaktionen und Abschiebehaft. Was sollte das auch geben, wenn da jeder käme!

Nein-nein: Du brauchst keine Angst zu haben: er kommt ja nicht, er kniet ja gar nicht vor Deinem Bett! Du siehst ihn nur gelegentlich auf Straßen. Du siehst ihn melancholisch einen Bus besteigen und vor Behördenzimmern warten, sonst siehst Du nichts. Du kannst beruhigt sein und Deinem täglichen Geschäft nachgehen.

Für solche Fälle hat man vorgesorgt. Für solche Fälle ist die Ausländerpolizei zuständig. Für solche Fälle gibt es Ausländerquartiere, Obdachlosenheime, Fremdenpensionen, Sozialbeihilfen, Sammeltransporte, damit die Brüder wieder abgeschoben werden. Für solche Fälle zahlst Du schließlich Entwicklungshilfe. Das läßt Du Dich was kosten: 0,3 Prozent Deines Brutto-Sozialproduktes. Du brauchst also gar nichts tun; denn für solche Fälle hat man vorgesorgt. Oder fürchtest Du etwa, daß er eines Tages mit Patronen zurückkommen könnte und mit einem Gewehr?

Eines Morgens wirst Du aus dem Schlaf gerissen, und vor Deinem Bett kniet eine braune Gestalt mit schwarzen Augen. Du hörst eine Stimme, aber Du verstehst sie nicht. Du siehst ein paar Hände, die sich Dir entgegenstrecken, aber du hältst sie nicht für real. Und erst allmählich begreifst Du: Das ist eine andere Welt. Das ist nicht Europa. Das ist Afrika, Asien, Lateinamerika. Das ist Äthiopien, Pandschab, Bengalen oder Nicaragua. Da kommt einer von weit her und spricht: Ich habe Hunger. Ich habe eine lange Reise hinter mir. Ich habe viele Grenzen überschritten. Ich habe nur das Nötigste für einen Tag. Ich habe nicht gewußt, was mich in Deinem Land erwartet. Ich habe Angst, daß ich zurückgeschickt und ausgelacht und mit der Peitsche öffentlich erniedrigt und geschlagen werde. Ich bin geboren worden auf einer Straße. Ich bin auf der Straße aufgewachsen. Ich habe jahrelang auf Straßen schlafen müssen. Ich habe es erleben müssen, wie meine Brüder und meine Schwestern auf ihnen starben. Nun bin ich hier, mein weißer Bruder, denn Du lebst gut, Du wohnst für mich in einem Paradies, und ich bitte Dich: Nimm mich auf.

10. Ina Rhein: Der Mann vor der Tür

Er stand vor der Haustür und sagte, er wolle Zeitschriften verkaufen. Es war November, und es war kalt. Der Mann vor der Tür war hochgewachsen, er war hager, blaßgrau und jung. Er wirkte wie ein Baum, dem die Äste genommen waren. In seinen Augen stand Frieren.
Der Mann zog an einem der Jackettärmel. Der Ärmel wurde nicht länger, der Mann fror, er schüttelte sich. »Wissen Sie«, begann er zu sprechen und versuchte mit langen, klammen, von Novembernässe steifen Fingern das enge Jackett zuzuknöpfen. »Wissen Sie, das ist nämlich so. Ich war im Knast!« Er lächelte, sah zu Boden und zuckte die Schultern. »Kann ja mal vorkommen!« sagte der Mann. »Kann jedem passieren!« Ich schwieg und dachte, daß das passieren kann. Jedem. »Bitte«, sagte ich dann in die Stille hinein, die zwischen uns war, »wollen Sie nicht hereinkommen? Es ist doch schon kalt. Und Sie frieren!«

Wieder zuckte der Mann vor der Tür die Schultern, wieder lächelte er, dann setzte er einen Fuß über die Schwelle. Ich bat ihn, näherzukommen, und schloß die Tür. »Sie haben sicher Hunger«, sagte ich. »Viel habe ich nicht. Aber zu Spiegelei, Brot und Tee reicht es noch immer. Natürlich nur, wenn Sie mögen!«
Der junge Mann nickte. Er folgte mir in den Wohnraum, in dem es warm war. Ich bot ihm einen Platz an und ging in die Küche, um etwas Warmes zu richten. Kurze Zeit später stellte ich das Tablett vor ihn auf den Tisch. Ich schenkte Tee ein und ermunterte ihn, die kleine Mahlzeit zu essen, ehe sie kalt würde.
Wieder nickte der Mann und griff zu. »Gut!« sagte er nach einer Weile. »Vorzüglich! Schmeckt wirklich! Ausgezeichnet! Wenn man so lange nichts Warmes im Bauch gehabt hat, ist das ein Festessen. Wirklich. Sie dürfen's mir glauben!«
Ich glaubte ihm. Er aß weiter. »Ich habe meine Zeit wegen guter Führung nicht völlig absitzen müssen. Ich habe einen Bewährungshelfer bekommen, Schlafmöglichkeit und einen Job dazu!«
Er griff in die Innentasche des Jackets, holte ein Mäppchen hervor, schlug es auf und hielt es mir entgegen.
Ich nahm das Mäppchen in die Hand und betrachtete das graue Papier, das unter einer Plastikfolie lag. Das Blatt, auf dem ein Foto befestigt war, sagte, daß der junge Mann berechtigt war, Zeitschriften zum Erwerb eines Abonnements anzubieten. Ich gab das Mäppchen zurück. »Ich«, sagte ich, »ich kann keine Zeitschrift abonnieren.«
»Das habe ich mir gedacht!« entgegnete der junge Mann. »Und das«, meinte er, »ist auch gar nicht so nötig. Das heißt«, fuhr er fort, »das ist sehr wohl nötig. Das ist sogar dringend notwendig für mich. Ich werde ganz schön angeschiss ... Verzeihen Sie! Aber es ist wirklich so. Ich brauche eine bestimmte Anzahl von Neuabonnenten, damit ich mein Mittagessen behalte. Das ist so ausgemacht, das gehört mit zur Bewährung, zur Resozialisierung!«
Er steckte das Mäppchen zurück in die Jackentasche. »Und

nun«, er stockte, »werde ich mich auf die zerlumpten Socken machen und gehen. Die Socken stopft mir übrigens meine Süße. Die ganze Zeit über hat sie zu mir gehalten. Sonst ...« Der Mann, der vor der Tür gestanden hatte, schüttelte den Kopf. »Sonst hätte ich die Schei ... Entschuldigung, aber es war wirklich hart, ich hätte das nicht durchgehalten. Danke für Spiegelei und Tee! War wie bei Muttern. Jedenfalls stelle ich mir das so vor. Hab keine gehabt. Ist bei meinem Erscheinen auf dem Globus draufgegangen. Kommt vor, kommt auch vor. Hart, aber nicht zu ändern.«
Der Mann erhob sich. Er knöpfte das Jackett zu und verließ den Raum. Vor der Haustür blieb er stehen. »Schade«, sagte er, »schade, daß Sie keine Zeitschrift nahmen. Ich hätte wirklich einen Abonnenten gebrauchen können!« Er drehte sich um und ging.
Geben Sie mir ein Abonnement, ich nehme eins, wollte ich ihm noch nachrufen.
Zu spät. Der Mann vor der Tür war fort, er war in einer Nebenstraße verschwunden.

11. Theodor Weißenborn: Die Welt im Haigerloh

Am Stadtrand draußen hinter Siepholz, Schlehdorf, Barnekamp, noch hinter der K 8, wo sich die Gleise trennen nach Großdettfurt, Rönne, Beckum, Rheda, inmitten Schienen, stillgelegten Zechen, Mülldepots und alten Halden, liegt eine Wüstenei mit Namen Haigerloh, ist unerforschtes Land für Indianerspiele, weht braunes Schottergras, brütet das Rebhuhn, kreuzen Fuchs und Hase ihre Wege, ringeln sich Nattern, huschen Salamander durchs Gesträuch und liegen im langen Mittag, sanft die Flanken hebend, still atmend auf den weißen Scherben aus Gestein. Dort ist der Himmel offen, weitgespannt mit Wolken, Vogelschwärmen in der Dämmerung, wenn im Dunst der Stadt am Horizont vergilbt die Sonne und wenn mit Tau auf Disteln früh der Tag aufsteht.

Fern liegen Katen, geduckt in Mulden, alte Siedlungen in Basdorp, wo früher noch mit Pferden in kleinen Zechen Kohle sie gefördert, blüht kleiner Wohlstand noch für Selbstversorger mit Rind und Schwein, fünf Morgen Ackerland, ist kleine Industrie, wohnt man im eignen Haus.
Dort ist ein Mann geboren, den du nie gekannt. Heißt Josef Heinen, fünfzig Jahr ist's her, ging dort zur Schule, ist jetzt angestellt beim Bauamt in der Kreisstadt, tut seine Arbeit, geht einher als Bote in den Fluren, raucht Stumpen in der Mittagspause, schleift ein Bein, ist Junggeselle, lebt bei seiner ältren Schwester, bei Louise, im Dümpelfelde 9, fährt Mofa, kennen ihn alle dort als scheu und wortkarg, weil er stottert, nennen ihn Stottrerjosef schon von Kindheit an. Vater war Schmied, trank Schnaps wie viele dort, starb '46 schon am Selbstgebrannten, schlug ein auf Fleisch als wie auf Eisen, war als gewalttätig bekannt. Drei Kinder starben. Louise, frömmelnd in der Kongregation der Jungfraun, liegt leidend jetzt seit einem halben Jahr im Krankenhaus der Schwestern unsrer Lieben Frau, hat nicht mehr lang zu leben, sorgt sich um den Bruder, der aus Dosen ißt, allein das Haus bewohnt, den Hund, die Katze hütet. Die Schwestern kennen ihn. Er kommt fast täglich, abends nach dem Dienst, samstags und sonntags früh am Vormittag, besucht die Kranke, sitzt an ihrem Bett, sie reden nie, schauen sich an und nicken mit dem Kopf, bedürfen Worte nicht.
Im Sommer, wenn es später dunkelt, und an den Wochenenden, täglich, ob es regnet oder nicht, nach dem Besuch im Krankenhaus fährt Stottrerjosef mit dem Mofa, ein Bein gestreckt und eins gewinkelt, hinaus ins Haigerloh; verläßt die asphaltierte Straße an Eckhoffs Weide, wo das Pestkreuz steht, fährt auf dem Feldweg weiter bis zur Heide, überquert das Gleis hoch auf dem Damm nach Beckum und ist im Ödland draußen, menschenfern, wo niemand ihn vermutet noch vermißt, wo keiner nach ihm fragt oder ihm sagt: »Laß das! – Tu dies!« Hier hat er einen Platz, der ihm behagt: im Niemandsland zwischen den Gleisen, wo, verschleppt von Kindern, Wellblech rostet, die Distel wächst und Scherben

blinken, hier, fern der Nachbarschaft, die immer redet, höhnt, ist lieblich ihm ein Ort, den keiner ihm bestreitet, wie er wähnt, da andern wertlos scheinen muß, was ihm die Welt bedeutet.

Als Kind schon hat er hier gespielt, war Zuflucht hier vor Spott und Zorn des Vaters, rettete er Sterbliche, Todkranke, Wunde, Sieche, unnütz Geborene, dem Tod Geweihte, mit Tod Bedrohte aus dem Dorf, dem Haus, dem Keller, aus der Futterkammer, dem Winkel an der Scheune hinter der Regentonne, da sie kläglich schrien, verbarg in Armen sie, wann immer es gelang, trug sie hinfort in alten Kisten, in Kartons, in Lumpen warm und weich, erbaute Hütten, Ställe ihnen im Gebüsch, Stätten der Zuflucht, der Geborgenheit, versorgte täglich sie mit Nahrung, bis sie, erwachsen und genesen, ihrer Wege gingen.

Fanden sich andre dann und wieder andere, die seiner so bedurften, denn immer drohte Unheil, soweit er denken konnte. Immer schlug es zu mit Fäusten, Hämmern, Beilen, schien Leben, schien Lebendiges nicht erwünscht, störte Geschrei den Rasenden, erregte Mitleid Zorn, ward ausgetilgt das Liebste mit Gewalt, regierte Terror (Vater war sein Name), ging die Mutter stumm und dumpf durchs Haus, weinte sie lautlos, in der Kirche kniend, dort geschützt für Stunden, wohin der Vater nicht zu folgen wagte. Immer hoben sich Arme, abwehrend Schläge, über Köpfe, waren Arme blau, gebrochen, lagen sie in Gips, in Binden, immer winselte der Hund an seiner Kette, stob die Katze über Stiegen, gingen in Nächten Seufzer aus und ein, gingen ums Haus die Seelen der Ermordeten, klagte es im Kamin, stiegen, zu nichts zerplatzend, in letzter Atemnot die Luftblasen Ertränkter in der Regentonne auf, schaufelten die Kinder Gräber hinterm Schweinestall, schreinerten sie Särge aus Zigarrenkisten, hallten verstohlen Trauerchöre durch den Garten, sangen sie dünn, daß er's nicht höre: »Ist das der Leib, Herr Jesu Christ, der tot im Grab gelegen ist?« Immer im Schlafen wie im Wachen hörten sie's scharren, kratzen rings ums Haus, saß es vorm Fenster draußen, um Einlaß fle-

hend, ging nicht fort, kroch winselnd es heran gebrochnen Rückgrats auf den Vorderbeinen, daß er es ganz erschlüge, erlöse es von seiner Not.
Und hat gewimmert eines Tags, als Stottrerjosef aus der Schule kam. War lange nicht zu finden, wo's da lebte und sich regte noch, bis dann die Hündin, behängt mit prallen Zitzen, zum Fressen losgekettet, den Napf ließ stehen unbeachtet und mit den Zähnen am Griff der Mülltonne zu nagen anfing. Und er errettete das Leben, klaubte heraus das Warme, Atmende aus Unrat, Kehricht, Müll des Verwesenden und barg im Keller sie, die Jungen, auf Holzwolle, auf Lumpen im leeren Gurkenfaß, besuchte stündlich sie, noch jubelnd, wieder jubelnd, und brachte Milch in Babyflaschen – wußte es keines der Geschwister außer Louise, die ihm beistand, ihn selber oft verbarg in ihrer Kammer unterm Bett.
War nicht von langer Dauer der Kinder Glück. Es kam der Tag, an dem der Vater Gurken forderte, nach Gurken suchend, trunken wütend, das Haus durchtobte und, da alle, wie er sagte, unbotmäßig sich erwiesen, sich gegen ihn verschworen, sein eigen Fleisch und Blut, sich also selber mußt' bemühn und in den Keller stieg, sein Sohn ihm nachschlich bis zur Treppe und in Ängsten, lauschend in den finstren Schacht hinab, stehend die Hosen nässend, das Entsetzliche vernahm: wie's drunten tobte, aus schwachen Kehlen bellte, schrie und wimmerte, dumpf gegen Mauern prallte, wimmernd erstarb und plötzlich Stille war wie Grabesruh, wie dann des Vaters Keuchen nur zu hören, erzitterten die Stufen und des Vaters Kopf, sein Haarkranz kam im Treppenschacht herauf – hing da ein Hammer zwischen Fuchsschwanzsägen mit dem Stiel nach unten am Nagelbrett rechts an der Treppenwange, sah das Kind den Hammer und seines Vaters Kopf, nahm rasch den Hammer, hob ihn, sah des Vaters Kopf und schlug nicht zu, nein, schlug nicht zu und schlug und schlug nicht zu. Entsetzte sich, ließ fallen, ließ Hammer Hammer sein und rannte, tief sich zu verbergen aus aller Menschen Nähe, barg sich hinaus und fort ins Haigerloh, lag blutend unter Dornen, lag den Nachmittag und

Abend und folgte spät der Schwester erst, der Hündin, die ihn suchten, und ging zurück ins Haus.
Und blieb und rettete, was noch zu retten aller Gattung des Lebendigen, ward klüger nur, ward listenreich. Schlich Bauern, Kohlenhauern nach, die Säcke trugen, mit Steinen sie beschwerten und in den Mühlbach warfen. Wartete, bis die Mörder gingen, stieg barfuß dann ins Wasser, die Hosen hochgekrempelt, watete dorthin, wo's eingeschlossen lag, Blasen vom Grund aufstiegen, barg, was zu bergen war – und oft gelang's: fing's wieder an zu leben, hustete und keuchte aus kleiner Kehle, erbrach sich, krallte, klammerte sich an und wollte sein. Trug's rasch hinfort, ins Haigerloh, wo noch der Himmel offen, nicht Menschenlaut zu hören war, nicht Ruß dünstete noch Schnaps sie brannten, wo die Erde jung war wie am Schöpfungstag. Und überlebte, überdauerte die Tode, die er nicht verhindern konnte, ward zwanzig, dreißig, vierzig Jahr, fand keine Frau, da nie er eine suchte, ward fünfzig Jahr, heißt Stottrerjosef wie als Kind und hat des Kindes Welt in sich bewahrt, blieb voller Einfalt, wie sie's nennen, einfältig, und hat das Himmelreich auf Erden schon gefunden, im Haigerloh.
Hier baut Gehege er, erschafft aus Trümmern Bleibendes, versammelt um sich rost'ge Bettgestelle, Bretter, alten Maschendraht, die von der Kippe hinter der verfallnen Ziegelei er holt, aus Tümpeln fischt, aus Halden gräbt, errichtet Zäune im Geviert, im Niemandsland, im busch'gen Gleisdreieck zwischen den Schienenwegen nach Rönne, Dettfurt, Beckum, baut Gehege für die Wildkaninchen, die geduckt, mit blinden, eiterverklebten Augen in Mulden unter Dornen siechen. Hier wäscht er ihre Wunden, bringt Futter ihnen, bettet sie auf Stroh, daß sie genesen möchten von der Pest, hier auch begräbt er sie. Sitzt, Stumpen rauchend, im Geviert, nickt mit dem Kopf, spricht – ohne je zu stottern – zu Fuchs und Hase, die ihn stumm beäugen, droht mit der Faust den Güterzügen, die, gleichmütig rumpelnd, rechts und links ihn liegenlassen, schaut ihnen nach, wie sie ins Weite ziehn, wie Stille sich ringsum verbreitet, wenn sie vorbei und fort,

lauscht noch dem Wind im Schottergras, bis Krähen ihn zur Heimfahrt rufen.
Hier heilt die Welt er, daß inmitten allen Schlachtens ein Ort für Leben sei, Lebendiges kann sein inmitten Trümmerzäunen, ein Ort für Zeugung und Geburt, vor allem Tod, den er nicht hindern kann. Lieblich ist dieser Ort ihm, Oase in der Wüstenei des Daseins, das er anders nie begriff. Und gelingt's ihm, eins zu retten, steigt Jubel in ihm auf wie in den Kindertagen, genießt er allen Daseins Lust, Lust, dazusein, erblüht für Tage ihm ein sterblich Glück, sagt's ja in ihm zu Stern und Blume, hat er des Lebens Überfluß.
Doch hat er einen Feind. Er kennt ihn nicht, weiß nicht, woher, warum er kam und was ihn treibt, was ihn zerstören heißt, was er gebaut. Tagsüber brach er ein, im Frühjahr und im Herbst, verwüstete die Stätte, schlug die Kranken tot – muß menschlich Antlitz tragen.
Josef denkt lange nach. Es denkt in seinem Kopf, ist klug und listenreich, will Schaden wehren, siegreich sein. Das Jahr darauf im Frühjahr nimmt er Urlaub, birgt sich tagsüber im Gebüsch mit Thermosflasche, Butterbrot, und wartet, wartet lange Zeit, hat Zeit, hat Zeit zu leben und zu sterben.
Und Anfang Juni, eines Tags nach Mittag, kommt es von fern heran, kommt auf dem Schienendamm aus Richtung Rönne ein Mann mit langem Hammer, an dem es laut von Ringen klirrt und lauter, kommt flötend auf dem Gleis daher, mit kurzen Schritten Schwellen zählend, schaut herüber, sagt: »Aha!« – es ist der Streckenläufer. Kommt Kain, der Neider, schräg herab die Böschung, kommt, seine Keule schwingend, furchtbaren menschlichen Gesichts, Lebendiges zu mähen – springt Abel ihm entgegen, da die Keule zuschlägt, fällt ihm in den Arm, faßt Abel nach dem Hammer, wehrt ihn ab, trifft selbst genau mit einer kurzen Hacke, trifft und trifft, schlägt Abel Kain, entsetzt sich, rennt davon, sich zu verbergen tief in Dornen, liegt unter Dornen tage-, nächtelang, kommt keine Schwester, ihn zu rufen, geht er nimmer heim, kommen Gendarmen, ihn zu suchen, verbirgt er tiefer sich. Und kommen sie am nächsten Tag mit Hunden wieder, kommt

eine Hundertschaft, wird's Haigerloh umstellt und durchgekämmt, schallen Posaunen, hört Posaunen er, die einen fremden Namen rufen: »Herr Heinen, kommen Sie heraus! Geben Sie auf, sonst lassen wir die Hunde los!« Die finden ihn.

Und wird nach amtsärztlicher Untersuchung von der Polizei in die geschlossene Abteilung für Männer, Pavillon 5, der Nervenklinik in der Stadt verbracht, gilt als gemeingefährlich, wird sediert und, wie in Zweifelsfällen üblich, mit Krampf behandelt aus der Steckdose. Wird friedlich, sanft und folgsam wie ein Lamm, empfindet Schmerz nicht mehr noch Jubel, kommt schon in die Halboffne, kann im Garten helfen, horcht auf: »Tu dies! – Laß das!« Ist scharf auf Stumpen. Schwarze müssen's sein, nur Rößli, seine Marke! Als seine Schwester starb – war im Oktober dieses Jahres, desselben Jahrs –, hat ihn der Arzt gefragt, der weiße Todesbote, ob er sie sehen will. Kann Urlaub haben, fahren zur Beerdigung. Geht ihm ja besser nun. Hat Stottrerjosef, wie sie hier ihn nennen bei seinem Namen, nur den Kopf geschüttelt. Hat nur gefragt, ob er da Stumpen kaufen kann.

Weiß nichts vom Haigerloh. Sind alle seiner Welt entfallen, die er pflegte. Hört's nicht mehr rascheln, grapsen, scharren draußen, hört's nicht mehr klagen im Kamin, hat guten Schlaf, beweint, beerdigt nimmer hinterm Schweinestall in Basdorp noch im Haigerloh, wo nun die Pest kann wüten, wie sie will, der Himmel nicht mehr offen ist für Träume, Glücksentwürfe, des Herzens Jubelruf, nur mehr für Klagelaute, den Schrei des Unerlösten unter Dornen, im Gebüsch, wo Kämpfe toben, wo's erstickt in Qual, wo's zuckend endet in der Stille, offen fürs Schweigen, Sprache toter Seelen, und wo im Dornbusch, in der Luft, in Feuer, Wasser, Erde ist aller Schmerzen, aller Seelen Ruh.

Er wird noch überleben manches Jahr. Wird schlafen, essen, trinken, Stumpen rauchen, wird entlassen werden, wird nach Basdorp gehn, wird selber sich versorgen in seiner Eltern Haus, im Dümpelfelde 9.

Am Dienstag, helfend in der Gärtnerei, hat er gesehn, wie Clausewitz, der General, auf einen Maulwurf traf, siegreich ihn schlug, daß ihm die Lunge aus der spitzen Schnauze drang. Hat ruhig zugesehn.
Nun ist er bald geheilt.

12. Birol Denizeri: Das verlorene Gesicht

Saniye ist 15 Jahre alt und geht noch in die Schule. Sie hat zwei Brüder. Ihre Eltern sind sehr stolz auf ihre Tochter, weil sie ein fleißiges und braves Mädchen ist, wie sie sagen.
Saniye weiß, was ihre Pflichten sind. Wenn sie nach der Schule heimkommt, wäscht sie zuerst das Geschirr, dann bereitet sie das Abendessen vor. Wenn sie damit fertig ist, lernt sie noch für die Schule.
An den Wochenenden haben sie meistens Besuch. Saniye muß dann die Tür aufmachen und die Gäste hereinbitten. Danach verschwindet sie für eine Weile in der Küche, um den Tee vorzubereiten. Wenn die Gäste bedient sind, setzt sie sich neben ihre Mutter und strickt an ihrem Pullover weiter. Saniye hat respektvoll neben ihren Eltern zu sitzen und darf sich weder in das Gespräch der Erwachsenen einmischen noch ihnen widersprechen.
Viele der Besucher kommen aus dem gleichen Dorf wie Saniye. Sie erinnert sich, daß sie die Menschen dort gehaßt hatte, ohne zu wissen, warum? Als sie noch ein kleines Mädchen war und man sie fragte, woher sie komme, sagte sie immer, aus Istanbul. Dabei stimmte es gar nicht. Sie wußte, daß es eine Lüge war, versuchte deshalb sich einzubilden, sie käme wirklich aus Istanbul. Eine Zeitlang glaubte sie sogar wirklich daran. Dann kamen aber die Ferien, und sie mußte mit ihren Eltern wieder nach Anatolien zu ihrem Dorf fahren.
Die Menschen dort mochten Saniye sehr. Sie grüßten sie immer freundlich, fragten, wie es ihr gehe. Sie luden sie auch

zu sich ein und verwöhnten sie mit allerlei Speisen. Aber Saniye haßte alle und wollte am liebsten mit ihnen nichts zu tun haben.
Einmal machte Saniye eine sehr wichtige Entdeckung. Sie stellte nämlich fest, daß sich dort die Leute wirklich füreinander interessierten. Es war ihnen nicht gleich, was mit dem anderen geschah. Sie feierten ihre Hochzeiten gemeinsam, und wenn jemand verstorben war, dann war das Dorf ganz still, außer dem Haus des Toten, da waren die Frauen aus dem ganzen Dorf versammelt und trauerten gemeinsam. Als Saniye an einem solchen Tag die Frauen weinen hörte, da hatte sie plötzlich ein Gefühl, welches sie irgendwie rührte. Danach haßte Saniye diese Leute nicht mehr. In Deutschland betonte sie immer wieder, daß sie aus einem kleinen anatolischen Dorf komme.

Saniye kam mit sechs Jahren zu ihren Eltern nach Deutschland. Obwohl sie keine Sprachkenntnisse besaß, mußte sie gleich eine deutsche Klasse besuchen. Sie saß ganz allein auf der letzten Bank, weil keiner neben ihr sitzen wollte. Es spielte auch niemand mit ihr. In den Pausen versteckte sie sich irgendwo, denn sie fürchtete sich vor ihren Klassenkameraden. Sie machten sich über sie lustig und bedrohten sie.
Saniye verließ immer als letzte die Schule, weil einige Jungen aus ihrer Klasse sie auf dem Heimweg sehr oft belästigten. Sie wurden manchmal auch handgreiflich. Einmal wurde sie sogar verprügelt. Sie fiel auf den Boden. Als sie merkte, daß ihre Nase blutete, war sie erschrocken und lief nach Hause. Daraufhin beschwerte sich ihr Vater beim Direktor und erfuhr, daß er seine Tochter in eine Sonderschule schicken könne, wenn sie sich bei ihnen nicht wohlfühlte. Die Kinder erzählten in der Klasse, Saniye sei eine Petzerin. Die Lehrerin zwang sie, sich bei ihrer Klasse zu entschuldigen. Als sie sich entschuldigte, sagte die Lehrerin zu ihr: »Du hast dich heute etwas integriert.«
An jenem Abend hatte Saniye furchtbare Alpträume. Sie sah

viele Hände, die keinen Körper hatten. Es waren bloß Hände. Diese Hände griffen nach ihrem Gesicht. Sie konnte sich gegen sie nicht wehren. Die Hände griffen nach ihrem Gesicht und rissen immer ein Stück Fleisch ab. Zurück blieben viele Wunden, die bluteten. Manche von ihnen waren vereitert. Als die Hände ihr Gesicht abrissen, konnte Saniye die Schmerzen kaum ertragen. Als sie von diesem Alptraum aufwachte, heulte sie und hatte tagelang nicht den Mut, ihr Gesicht im Spiegel anzuschauen.
Saniye haßte ihre Klasse. Sie lernte wie eine Verrückte und schaffte es schließlich, nach der vierten Klasse aufs Gymnasium zu gehen. Dann fing sie an, sich zu integrieren. Sie sprach inzwischen sehr gut Deutsch und fragte sich oft, ob man es merke, daß sie eine Ausländerin ist. Sie begann die Mädchen in ihrer Klasse zu imitieren. Sie kopierte ihre Bewegungen, ihre Ausdrücke, ihre Gesten. Sie stellte dann mit Zufriedenheit fest, daß sie bei ihren Mitschülern anerkannt wurde. Sie war sehr glücklich darüber, nur dann, wenn sie sich über die Ausländer lustig machten, war Saniye traurig. Ihre Alpträume häuften sich. Sie sah immer wieder Hände, die ihr Gesicht abrissen.
Als sie nach einigen Jahren über die Kanakenwitze[5] mitlachen konnte, hatte sie ihren letzten Alptraum. Man ließ ihr kein Stück Gesicht mehr übrig. Sie war jetzt vollkommen integriert.

Saniye fährt jeden Tag mit der Straßenbahn in die Schule. Sie trägt ein Kopftuch und meistens eine lange Weste. In der Straßenbahn zieht sie die Weste und das Kopftuch aus und steckt sie in ihre Schultasche. Wenn sie aussteigt, dann heißt sie nicht mehr Saniye, sondern Sanje. Ihre deutschen Freunde sagen Sanje zu ihr. Sanje geht meistens mit ihrer Clique aus. Sie ist ein aufgeschlossenes Mädchen und unter

5 *Kanaken:* von hawaiisch kanaka, »Mensch«; ursprünglich von den Weißen übernommene Bezeichnung für die Eingeborenen der Hawaii-Inseln, dann auf alle Südsee-Insulaner ausgedehnt. – Umgangssprachlich abwertend für ausländische (bes. türkische) Arbeitnehmer.

ihren Freunden sehr beliebt. Wenn ein türkischer Nachbar sie unter den Deutschen sieht, erkennt er sie nicht wieder. Saniye und Sanje haben nur eins gemeinsam: Sie beide suchen ihr verlorenes Gesicht.

13. Mojca Posavec: Mustafa
Eine authentische Geschichte

Mustafa war zwölf Jahre alt und lebte in der Nähe von Riad[6] in der Wüste. Seine Welt war nicht groß genug, um nicht überschaubar zu sein. Da war das kleine Beduinendorf, die Ziegen, Schafe und Hunde, zwei Pferde und die Wüste. Doch Mustafa liebte diese Welt, er mochte jeden einzelnen aus seinem Dorf, und er mochte die Tiere genauso wie die Wüste, den Himmel, die Sterne und alles andere. Vielleicht lag es daran, daß er nichts anderes kannte, doch vielleicht war diese Art von Leben wirklich das beste für ihn.
Mustafa wohnte bei seinen Großeltern, denn seine Mutter war tot, und sein Vater lebte in einem fremden Land, dessen Namen er kaum aussprechen konnte. Er wußte kaum noch, wie sein Vater aussah. Ab und zu kam ein Brief mit schönen bunten Briefmarken, in dem der Vater versprach, bald nach Hause zu kommen. Aber er kam nicht.
Mustafa störte dies nicht, der Vater war ihm lange schon fremd geworden. Um so mehr liebte er seinen Großvater. Er hatte Mustafa beigebracht, wie man reitet, ohne zu ermüden, wie man sich an den Sternen orientiert, er hatte ihm beigebracht, geduldig zu sein und sich wie ein echter Mann zu benehmen. Als er seinen zwölften Geburtstag feierte, schenkte ihm der Großvater einen jungen Falken, den er ausbilden sollte. Mustafa war überglücklich, denn er wußte, die Preise für so einen Vogel waren hoch und der Großvater mußte lange gespart haben, um ihn zu erwerben.
Nun blieb er immer länger und öfter die Nacht über in der

6 Hauptstadt von Saudi-Arabien.

Wüste, und wenn er sah, wie der Falke frei und hoch oben dahinflog und doch immer wieder zu ihm zurückkehrte, so war er der stolzeste Junge der Welt. Und als der Falke ihm zum ersten Mal eine Beute schlug, war er glücklich, denn er, er alleine hatte ihn ausgebildet. Eines Tages, als er von einem seiner Ausflüge zurückkehrte, fand er dann den Brief vor, den Brief, mit dem alles begann.

Sein Vater hatte geschrieben, daß er eine neue Frau habe und Mustafa sollte nach Deutschland kommen, die Flugkarte hatte er gleich beigelegt. Mustafa war zuerst bestürzt, er sollte fort von hier? Fort von seinem Dorf, seinem Großvater, dem Falken und der Wüste? Fort in ein Land, das er nie gesehen hatte, wo man eine fremde Sprache sprach und wo er nichts kannte. Doch dann siegte die Neugier und die Abenteuerlust, die wohl in jedem Jungen seines Alters steckt.

Schon am nächsten Tag fuhr er nach Riad zum Flugplatz. Er hatte nichts bei sich, außer dem, was er anhatte, und einem kleinen Dolch, den ihm der Großvater zum Abschied geschenkt hatte, als Erinnerung an seinen Falken, denn im Griff war ein Falke eingeschnitzt. Nun saß er also im Flugzeug nach Deutschland. Wie mochte es dort wohl sein? In früheren Briefen hatte der Vater von großen Kaufhäusern erzählt und den vielen Autos und Straßen, von dem Reichtum der Menschen dort. Über solchen Überlegungen verging der Flug, und bald schon setzte das Flugzeug zur Landung an.

Es regnete in Strömen, als Mustafa das Flughafengebäude verließ, suchend sah er sich um. Wer von den vielen Menschen mochte wohl sein Vater sein? Plötzlich faßte ihn jemand von hinten an der Schulter: »Mustafa, mein Sohn, endlich bist du da.« Der Vater umarmte ihn und führte ihn zu einem Auto. Stolz zeigte er auf den Wagen und sagte: »Siehst du, das ist Deutschland, hier hat fast jeder ein Auto!« Dann fuhr er Mustafa zu seinem neuen Zuhause. Das war ein alter Bau, der Mustafa entsetzlich groß vorkam.

Im Haus erwartete ihn seine neue Mutter. Sie war noch jung, vielleicht siebenundzwanzig oder achtundzwanzig Jahre, sie hatte langes, glattes, schwarzes Haar, und ihre Züge waren von einer ebenmäßigen Schönheit, ihre Hände waren weich und glatt, ganz anders als bei ihm zu Hause, wo die Hände der Menschen hart und schwielig von der Arbeit waren. Seine Mutter war Deutsche. Freundlich sprach sie auf ihn ein, doch er verstand sie nicht. Sein Vater war schon wieder in der Arbeit, und nun war er alleine mit dieser Frau, die seine Mutter sein sollte und die er nicht verstand.

Monate vergingen, und Mustafa lernte besessen Deutsch, er ging kaum hinaus. Meistens saß er in seinem Zimmer und paukte Vokabeln, denn er sollte bald in die Schule kommen. Er wußte inzwischen, daß seine Mutter Anna hieß, und er wußte auch, daß sie ein Baby erwartete.

Endlich war es soweit, Mustafas erster Schultag war da. Er sollte in die siebte Klasse gehen, inzwischen war er schon dreizehn geworden.

Als er in die Klasse trat, drehten sich alle nach ihm um und musterten ihn neugierig. Dann steckten sie ihre Köpfe zusammen und tuschelten über ihn. Langsam ging er durch die Klasse und setzte sich in die letzte Reihe in eine leere Bank. Dann klingelte es, und der Lehrer trat ein. Mathematik war an der Reihe, und der Lehrer rief ihn gleich an die Tafel, um zu testen, was er konnte. Er löste die erste Aufgabe, ohne zu zögern, er mochte die Arbeit mit Zahlen.

In der zweiten Stunde schrieben sie einen Geschichtstest. Mustafa starrte auf den Zettel vor sich, er freute sich, die Aufgaben waren leicht, doch die Freude verflog, als er dann daran ging, die Fragen zu beantworten. Er wußte die Antworten, doch er konnte sich nicht ausdrücken, wußte nicht, wie man das auf deutsch sagte. Er gab einen leeren Zettel ab.

Und so ging es ihm oft. Die anderen Kinder lachten ihn immer aus, wenn er in seinem drolligen Deutsch etwas sagte, sie meinten es nicht böse, es klang einfach so lustig. Doch Mustafa traute sich nicht mehr, etwas zu sagen. Aus dem fröhlichen Araberjungen wurde ein einsamer, mißtrauischer Ausländer. Ab und zu versuchte er aus seiner Isolation auszubrechen, doch die anderen wollten nichts mit ihm zu tun haben. Sie riefen: »Hau ab, du Kanake!« und kümmerten sich nicht mehr um ihn. Mustafa wußte nicht genau, was das Wort »Kanake« bedeutete, doch er spürte, daß es ein sehr böses Wort war. Oft sah er auch Schmierereien an den Hauswänden: »Ausländer raus« oder: »Erst waren es die Juden, jetzt sind die Ausländer dran«. Es machte ihm Angst, was er sah. Warum haßten die Leute sie nur so? Oft wünschte er sich, er hätte diese Sprache nie gelernt und wüßte nicht, was diese Sprüche bedeuten, oder besser noch, er wäre nie in dieses Land gekommen.

An seinem fünfzehnten Geburtstag hörte er eine Radiosendung über Ausländer und daß sie sich integrieren sollten. Er überlegte, wie er das machen sollte, und dann begann er sich zu integrieren. Er machte alles, um so zu werden wie die anderen. Er trank Bier, aß Schweinefleisch und lachte über Ausländerwitze, er machte alles, um nicht mehr so alleine zu sein, er brach seine sowieso schon schlechten Kontakte zu anderen Ausländern ganz ab und versuchte, deutsch zu werden.

Eines Morgens wachte er auf und hatte ganz besonders gute Laune, er wußte nicht warum, es war einfach so. Es war ein Samstag, und er wollte zu den anderen, von denen er glaubte, sie seien seine Freunde. Er sah, wie sie an dem Geländer der Isarbrücke lehnten und ihn ansahen, er fühlte, daß etwas nicht stimmte.

Der Älteste von ihnen kam auf ihn zu: »Hau ab, Kanake!« Mustafa glaubte nicht, was er da hörte. Wollte was sagen, als er sah, daß da einige Mädchen bei den Jungen standen, die Jungs wollten ihnen imponieren. Eines von den Mädchen sagte: »Der Knoblauchfresser gehört doch nicht etwa zu euch?« Und ein anderer: »Hau schon ab, du Allah, und lern erst einmal richtig Deutsch!«

»Aber ich bin doch euer Freund?« brach es aus Mustafa heraus.

»Wir wollen nichts mit dir zu tun haben, ihr seid ja doch alle doof und feige!«

»Ich bin nicht feige, ich bin genauso mutig wie ihr alle auch!«
Da sah ihn eines der Mädchen verächtlich an: »O.K., du kannst nicht richtig Deutsch, also bist du doof, aber vielleicht bist du mutig. Wenn du über das Brückengeländer balancierst, kannst du bleiben, dann glauben wir dir!«
Mustafa wußte nicht, was er tun sollte, die anderen sahen ihn gespannt an, bis einer der Jungen laut sagte: »Er ist doch ein Feigling, alle Ausländer sind feige!« Da kletterte Mustafa auf das Geländer und fing an zu balancieren, stur schaute er immer nur auf die andere Seite der Brücke, doch dann schaute er hinunter, und ihm schwindelte, ein falscher Schritt, und er wäre tot. Noch als er das dachte, rutschte er aus und fiel, und er dachte noch: »Jetzt bin ich wie mein Falke«, dann wurde es schwarz um ihn.
Die anderen standen entsetzt und blickten auf die Stelle, wo er eben noch gestanden hatte und wo nun nur noch die Nässe des Regens war.
Als Mustafas Großvater davon erfuhr, sagte er: »Wie kalt muß es sein, daß ein Mensch unter Tausenden von Menschen erfriert, erfriert an der Kälte seiner Umgebung, und für ein bißchen Wärme und Anerkennung sein Leben gibt?«

14. Ilse Kleberger: Jacob

Klaus hatte mir ein Hakenkreuz geschenkt, eine kleine, zierliche silberne Anstecknadel. Klaus war der beste Turner in unserer Klasse, »olympiaverdächtig«, sagte Herr Friedrich. Wenn wir vom Sportunterricht der Mädchen, den Frau Langenbeck gab, zurückkamen, turnte Klaus meist noch am Barren, obgleich Pause war. Wir stellten uns drumherum und schauten gebannt zu, wie sein straffer, muskulöser Körper die gewagtesten Figuren vollführte: Rolle vorwärts, Rolle rückwärts, Spagat und der federnde Absprung. »Knorke«, sagten wir und »pfundig!« Das waren damals unsere Lieblingsworte.

In der nächsten Turnstunde versuchten wir es ihm gleichzutun. Doch meine dünnen allzulangen Glieder machten nur eckige Bewegungen, ich stieß mir blaue Flecken, und es nützte auch nichts, wenn Herr Friedrich, unser Klassenlehrer, vorbeiging und rief: »Gebt euch Mühe, Mädels, übt, denkt daran – in einem gesunden Körper wohnt ein gesunder Geist!«

Klaus war auch der beste in Mathematik, nur in Englisch und Französisch war er eine Niete. Aber das nahm ihm niemand übel, selbst nicht die Lehrer der entsprechenden Fächer, weil der gerade, helle Blick seiner blauen Augen alle Menschen in seinen Bann schlug. »Ein prachtvoller deutscher Junge!« hörte ich einmal auf dem Hof Herrn Friedrich zum Biologielehrer sagen. Der Biologielehrer nickte. In einer seiner Stunden erklärte er uns später, was »arisch« bedeutete. »Arische Menschen gehören einer bestimmten Rasse an, die anderen überlegen ist. In unserem deutschen Volk sind die meisten Menschen arisch, und von diesen sind die besten die nordischen, die großen, blonden, blauäugigen, wie zum Beispiel –«, er sah sich suchend in der Klasse um und sagte dann zu Klaus: »Steh mal auf!« Klaus erhob sich zögernd. »Da habt ihr einen typischen nordischen Arier!« Klaus wurde puterrot und senkte die Augen, was er selten tat. Auch ich schämte mich, aber weil ich dunkle Locken und braune Augen hatte.

Alle waren wir fasziniert von Klaus, von dem glatten blonden Haar, das wie eine Kappe eng am Kopf lag, der lässig schlendernden Art, in der er die langen Beine mit den knochigen Jungenknien bewegte, von der Uniform, die er trug, der sehr kurzen schwarzen Hose, dem braunen Hemd, dessen Ärmel stets hochgerollt waren, dem dreieckigen Tuch, das, um den Hals gelegt, mit den Zipfeln durch einen geflochtenen Lederknoten gezogen war; um die Taille hatte er einen breiten Gürtel geschnallt, auf dessen silbernem Koppelschloß ein Blitz abgebildet war. Damals war uns diese Uniform noch neu, denn es war 1932, und wir waren elf Jahre alt.

Klaus erzählte uns in der Pause von Aufmärschen, Heimabenden in einem ehemaligen Kohlenkeller, von Wanderungen, die er »Fahrten« nannte und an denen keine Erwachsenen teilnahmen, vom Übernachten im Zelt und Abkochen im verrußten Kessel, vom Singen zur Gitarre beim Lagerfeuer und sogenannten »Geländespielen«, bei denen sich zwei Parteien im Wald gegenseitig beschlichen, um dann übereinander herzufallen. (Hier gruselte es mich immer, doch ich zeigte es nicht, denn Klaus meinte, das Schlimmste, was einem passieren könnte, wäre feige zu sein.)
Wir hörten ihm atemlos zu, auch wenn er von seinem »Führer« sprach, der ein wunderbarer, einmaliger Mann zu sein schien und dem Bund von Männern und Knaben vorstand, diesem Bund mit seinen eigenartigen Symbolen, wie dem Kreuz mit den Haken, den Fahnen in grellen Farben, den wilden Liedern und dem schneidigen Gruß.
Klaus lernte dort Gedichte, die er uns manchmal bei unseren Morgenandachten aufsagte. An jedem Montagmorgen versammelte sich die ganze Schule in der Aula, um vor dem Unterricht eine »Andacht« abzuhalten. Unser früherer alter Direktor hatte stets eine kleine, fromme Rede gehalten, bei der wir meist noch schliefen, und der Schulchor hatte einen Choral gesungen. Beim neuen »Direx« war das anders. Der Chor sang Volkslieder. Wenn ein Gedenktag an berühmte Leute oder an ein Ereignis aus der deutschen Geschichte war, hielten die Lehrer kurze Ansprachen, und einige Schüler sagten Sprüche auf. Oft stand Klaus auf der Bühne, und niemand schlief, wenn er mit seiner hellen Stimme schmetterte:

»Noch einmal ruf ich, keiner hier
der mit zum Sturme lauf?
Hei, dann ist's recht, dann steht's bei mir,
frisch drauf!«

Klaus kümmerte sich nicht um mich. Er gab sich lieber mit Jungen ab, aber er mochte es gern, wenn wir Mädchen ihm zuhörten. Heute hatte er einigen aus der Klasse silberne

Hakenkreuze geschenkt, zu meiner Verblüffung auch mir, vielleicht, weil mein bewundernder Blick ihm schmeichelte.
Ich eilte glühend vor Freude nach Hause. Neben mir lief Heidi, die Unterlippe mißmutig vorgeschoben. Ab und zu gab sie einem Stein einen zornigen Tritt, daß er auf die Fahrbahn rollte. Sie war neidisch, daß ich ein Hakenkreuz bekommen hatte und sie nicht, doch sie gab es nicht zu. Ich wollte ihrer schlechten Laune entfliehen, aber, wie meistens, zeigte die Ampel am Innsbrucker Platz rot, ich mußte ungeduldig am Rinnstein stehen bleiben und die Autos vorbeirasen lassen. Heidi neben mir bemühte sich, Klaus schlechtzumachen. »Wie der angibt!« sagte sie verächtlich. »Und diese Uniform, das Hemd, iiih, die braune Farbe sieht aus wie ... na du weißt schon«, sie hielt sich die Nase zu, als müsse sie sich vor einem widerlichen Gestank schützen. Ich achtete nicht auf sie, sondern tat, als wenn ich mir die rutschenden Kniestrümpfe hochziehen müßte. Ich wollte so rasch wie möglich Jacob das Hakenkreuz zeigen. Jacob war mein bester Freund.
Zu Hause schlang ich unter den mißbilligenden Blicken meiner Mutter das Essen herunter und lief auf die Straße. Da war Jacob schon, hing mit ausgestrecktem Arm am Laternenpfahl, drehte sich immer rund um den Pfahl herum. »Halt!« rief ich. »Guck mal!« Wir beugten uns über die Nadel, und Jacob hob sie dicht an seine kurzsichtigen Augen mit den langen Wimpern. »Knorke«, sagte er. Wir liefen zur Hauptstraße, bummelten den Gehweg entlang und sahen uns Schaufenster und Filmbilder von Lilian Harvey und Willy Fritsch[7] im Roxy-Palast an. Ich ging gern mit Jacob, weil er stets etwas entdeckte, was ich nicht entdeckt hatte, und immer etwas zum Lachen fand. Er war einen Kopf kleiner als ich. Alles an ihm war rund, der Bauch, die weichen Hände, das Gesicht mit der sommersprossenübersäten Stupsnase und der Kopf voller roter Locken, die sich bis zu den Ohren

7 Lilian Harvey (1907–68), Willy Fritsch (1901–73), Filmschauspieler, beliebtes Liebespaar im deutschen Film der dreißiger Jahre.

kringelten, eine Frisur, die damals für einen Jungen viel zu lang und mädchenhaft war.
Wir merkten, daß wir mit dem Hakenkreuz Aufsehen erregten. Die Leute starrten mich an, und plötzlich kam ein Mann auf mich zu, strahlte, riß den Arm mit ausgestreckter Hand in die Höhe und rief: »Heil Hitler!« Wir versuchten ungeschickt, den Gruß zu erwidern.
»Borg's mir auch mal!« bat Jacob, und ich steckte ihm die Nadel an seinen dunkelblauen Pullover, wo sie viel besser zu erkennen war als an meiner gelben Jacke. Wieder starrten die Leute. Jacob wölbte stolz seine Brust, und schon kam einer, diesmal ein älterer Junge, und riß den Arm zum Gruß hoch. Diesmal gelang uns das Hochschleudern der Hand am ausgestreckten Arm und der schneidige Gruß schon besser.
»Wir wollen's meinem Vater zeigen!« sagte Jacob. Ich war sofort einverstanden. Ich mochte Herrn Funkelstein sehr gern. Er war ebenso rundlich wie Jacob, trug eine dicke Kurzsichtigenbrille und einen kleinen, rötlichen Spitzbart, den er sich, wenn er erzählte, ständig behaglich strich. Er konnte wunderbar Geschichten und Witze erzählen. Die Witze verstand ich nicht immer, auch Jacob nicht, wie ich merkte, aber das machte nichts. Das schönste an Herrn Funkelsteins Witzen war sein eigenes Lachen. Er fing schon an zu lachen, bevor er den Witz zu Ende erzählt hatte, gluckste zwischen den Worten, schnaufte, prustete, kicherte. Schließlich konnte er vor lauter Lachen nicht weitersprechen. Sein runder Bauch mit der Uhrkette darauf hüpfte vor Vergnügen, der Spitzbart fuhr auf und nieder, und endlich mußte Herr Funkelstein jedesmal die Brille abnehmen, um von ihr die Lachtränen abzuwischen.
Das war so ansteckend, daß wir mitlachten, mehr und mehr, lauter und lauter, bis Jacob und ich uns schließlich auf dem Teppich wälzten und ich mir den Bauch hielt, der mir vor lauter Lachen weh tat.
Frau Funkelstein lachte nicht mit. Sie war ernst, groß und sehr schön in ihren langen, seltsam wallenden Gewändern, das lackschwarze Haar nach hinten gekämmt und in einem großen Knoten im Nacken befestigt. Sie sprach fast nie ein

Wort. Jacob hatte von ihr nichts geerbt, bis auf die Wimpern.
Wenn wir lachten und erzählten, ging Frau Funkelstein ab und zu kerzengerade durch das Zimmer, in dem wir saßen und von dem aus zu allen Räumen der Wohnung Türen führten. Frau Funkelstein ging einfach nur durch den Raum, oder sie stellte einen Teller mit frischbereitetem knusprigen, duftenden Gebäck auf den Tisch, oder sie verschwand in einem der Nebenzimmer, wo sie, wenn sie nicht in der Küche arbeitete oder durch die Wohnung lief, an dem schwarzen Flügel saß, der den Raum vollständig ausfüllte, und mit ihren großen, kräftigen Händen die herrlichste Musik machte.
Als wir diesmal klingelten – es war ein Griff in Form einer bronzenen Schlange zum Ziehen, nicht ein einfacher Druckknopf wie bei uns –, als wir klingelten, öffnete uns Herr Funkelstein die Tür und schmunzelte: »Gut, gut, Jacob«, sagte er, »gut, daß du den Heuhupfer mitgebracht hast, Mama hat gebacken!« Der Heuhupfer war ich. Er nannte mich so, weil ich dünn und unruhig war.
»Sieh mal, Vater!« sagte Jacob und zeigte auf das Hakenkreuz, das wieder an meiner Bluse prangte. Gutmütig beugte sich Herr Funkelstein näher und schaute lange. Schließlich nahm er die Brille ab, rieb sich die Augen, richtete sich auf, wandte sich um und verschwand ohne ein Wort in seinem Studierzimmer. Das war ungewöhnlich. Ich war enttäuscht, daß er so gar nicht reagierte, aber über Frau Funkelsteins Gebäck vergaß ich es wieder.
Am nächsten Tag wartete Heidi nicht, wie sonst üblich, vor unserem Haus, um mit mir zur Schule zu gehn. Auch in der Klasse blickte sie an mir vorbei, als würde sie mich nicht kennen. Sie war wohl immer noch neidisch wegen des Hakenkreuzes. In der Pause sah ich, wie sie auf Klaus einredete. Er hörte ihr widerwillig zu. Doch plötzlich drehte er mit einem Ruck seinen Kopf zu mir hin, sprang aus der Bank, wo er gerade sein Frühstücksbrot ausgepackt hatte, und kam auf mich zu. Er blieb vor mir stehen. »Ist das wahr?« fragte er. »Spielst du mit Juden?«
Ich schüttelte verwirrt den Kopf.

»Klar«, rief Heidi, »tut sie, die geht doch mit dem Jacob Funkelstein!«
»Ist das wahr?« fragte Klaus noch einmal, diesmal scharf und laut, so daß das Summen und Lachen in der Klasse aufhörte und alle mich anschauten.
»Ja, aber –« würgte ich hervor.
»Was – aber?« rief Klaus, und sein blauer Blick wurde zu Eis. »Weißt du nicht, daß die Juden unser Unglück sind? Schämst du dich nicht, daß du dich mit Volksverrätern einläßt?«
Er nahm mir die Nadel von der Bluse und steckte sie in seine Tasche. Heidi sah mich höhnisch an. Aber obgleich sie es wohl erwartet hatte, gab er ihr das Hakenkreuz nicht.
Ich saß mit flammend rotem Gesicht über mein Heft gebeugt und tat, als ob ich mich darein vertiefte. Ich schämte mich wieder einmal und wußte nicht, vor wem und warum.
Jacob und Herr und Frau Funkelstein sollten Volksverräter sein? Was war das? An wen verrieten sie uns? Waren sie Spione? Jacob, der fröhliche, ehrliche Kerl, sollte ein Spion sein? Ich mußte ihn fragen.
Nach der Schule lief ich eilig davon. Als ich am Innsbrucker Platz an der Ampel warten mußte, hatte Heidi mich eingeholt. »Na, du rennst wohl wieder zu deinem Juden?« stichelte sie.
Ich warf den Kopf zurück: »Juden – ich weiß überhaupt nicht, was ihr damit meint!«
Heidi fing an zu lachen. Ich wäre sie gerne losgeworden, drängte mich, als die Ampel jetzt auf Grün schaltete, rücksichtslos zwischen den Menschen hindurch, aber sie blieb neben mir, auch als ich die Hauptstraße entlangrannte. »Bist du wirklich so blöd, daß du nicht weißt, was Juden sind?« rief sie, und dann machte sie sich wichtig: »*Ich* weiß es – nämlich von meinem großen Bruder, der hat es mir gesagt –, es sind Leute mit schwarzen Haaren, ganz großen Hakennasen und Plattfüßen – häßliche Leute –, und sie betrügen uns dauernd und nehmen uns alles weg, so daß wir kein Geld mehr haben und nichts mehr zu essen, sagt mein Bruder. Man sollte sie alle wegjagen, sagt mein Bruder!«

Wir bogen in die Wielandstraße ein. Als wir vor Heidis Wohnhaus angekommen waren, verabschiedete ich mich nicht. Sie rief wütend hinter mir her: »Eigentlich müßte man sie totschlagen, sagt mein großer Bruder!«
Ich zuckte zusammen, lief dann aber wie gehetzt weiter, an unserem Haus vorbei bis nach Nummer zwölf. Langsam stieg ich die Treppen hinauf und überlegte. Heidi hatte gelogen. Jacob und seine Eltern konnten keine Juden sein. Jacob hatte keine schwarzen Haare, sondern rote, und keine große Hakennase, sondern eine komische Stupsnase, und häßlich war er auf keinen Fall, auch seine Eltern nicht. Frau Funkelstein war sogar wunderschön. Sie hatte zwar schwarze Haare, aber bestimmt keine Plattfüße, denn sie schwebte leicht auf ihren hohen Absätzen durch die Zimmer. Und die Funkelsteins hatten mir noch nie etwas weggenommen, kein Geld und kein Essen, im Gegenteil, ich hatte mir dort immer den Bauch mit Bonbons und Kuchen vollgeschlagen – nein, die Funkelsteins waren bestimmt keine Juden, Jacob würde es mir gleich bestätigen; und niemand würde sie wegjagen oder gar totschlagen.
Ich zog an der Schlangenklingel, und Frau Funkelstein öffnete. »Ist Jacob da?«
Sie nickte. Ich wollte mich an ihr vorbeidrängen, aber sie versperrte mir den Weg: »Nicht – du kannst nicht mit ihm spielen!«
»Warum«, fragte ich, »ist er krank, oder macht er Schularbeiten? Kann ich nachher wiederkommen?«
Frau Funkelstein sah mich von ihrer Höhe herab ernst und abweisend an. Sie schüttelte den Kopf: »Nein – nie mehr!« Sie schloß die Tür mit einem harten, endgültigen Stoß.
Ich starrte die braune Holztür an mit der Schlangenklingel, die im Dämmern höhnisch zu funkeln schien, und mit dem Guckloch, durch das niemand schaute. Ich hörte Schritte, die sich entfernten.
Es war, als wenn ich geschlagen worden wäre. Es war schlimmer, viel schlimmer als vorhin das in der Schule. Ich sollte Jacob nicht mehr sehen, nie mehr sehen, wie er blinzelte und

beim Lachen die Sommersprossennase verzog, nicht hören, wie er »knorke« sagte und mir Geschichten erzählte, nicht mit ihm die Hauptstraße entlangbummeln, nicht mit ihm Hopse spielen und Zigarettenbilder tauschen! Warum nur? Was war das für eine unverständliche Welt, die uns trennte?
Ich setzte mich auf die Treppe vor Funkelsteins Wohnung, legte den Kopf auf die nackten Knie und weinte.

15. Margarete Kubelka: Der Felsen

Der Junge hatte den Felsen auf seinen Streifzügen im Walde entdeckt. Wenn man von Norden her kam, sah er gar nicht wie ein Felsen aus: Man ging mitten durch das dichte Fichtengehölz, das die Beine zerkratzte und sich immer wieder hinter dem Eindringling schloß wie eine Tür, und plötzlich war der feste Boden zu Ende, ein Abgrund tat sich auf, und der erschreckte Blick schweifte ungehindert hinüber, wo ein anderer Sandsteinfels in bizarrer Schönheit aufragte, ebenfalls von dichten Föhren bewachsen.
Der Junge hatte sich auf den Boden gelegt und sein schwindelndes Lager mit den Fingern betastet: Da waren kleine, verwaschene Höhlen in der Masse des Felsenleibes, Löcher nur, die aber der Phantasie Anlaß gaben, sie sich als Versteck für Schätze und geheimzuhaltende Besitztümer vorzustellen.
Von da ab ging der Junge fast täglich an diesen verschwiegenen Ort. »Hier kommt keiner her«, dachte er glücklich, und er hatte das unbestimmte Gefühl, daß ihm dieses einsame Fleckchen gehöre, weil kein anderer es kannte.
Er trieb seltsame Spiele an dieser Stelle, die keinen augenfälligen Sinn hatten, aber die ihn auf eine ebenso unbegreifliche wie erregende Art glücklich machten. Er pflückte Feldblumen und gab sie in ein mitgebrachtes Wasserglas, das er auf seinem Felsen aufstellte, als sei er ein riesiger Tisch in

schwindelnder Höhe, für ihn allein dort angebracht. Er hüpfte in skurrilen Figuren und Verrenkungen herum und stellte sich vor, das sei ein kultischer Tanz zu Ehren einer fremden Gottheit, wie er es im Kino bei wilden Stämmen gesehen hatte. Aber er tat da oben auch ganz gewöhnliche Dinge, wie sie alle Jungen in seinem Alter tun: Er las Märchen und Abenteuerbücher, die er von zu Hause mitgebracht hatte, er lernte Gedichte für die Schule auswendig, und einmal hatte er sogar seine Briefmarkensammlung mit hingenommen.

Nur vor einem hütete er sich sehr: Er nahm nie seinen Freund mit auf den Felsen, und er erzählte auch keinem von seinem wunderbaren Zufluchtsort, so schwer es ihm auch gelegentlich fiel. Er wollte sein ihm in den Schoß gefallenes Reich für sich allein behalten.

An einem brutheißen Augusttag versteckte er zum erstenmal ein Spielzeug in einer der kleinen Höhlen. Es war nur ein schäbiges, kleines Blechauto, an dem ihm längst nichts mehr lag. Trotzdem rannte er anderntags ohne eine kurze Rast und zum Schluß keuchend zum Felsen, um zu sehen, ob es noch da war. Ein rascher Griff, ein ebenso rasches Triumphieren – das kleine, glatte Ding lag wieder in seiner Hand. Von da ab nahm er systematisch fast alle kleinen Besitztümer mit nach oben. Wie ein riesiges Wabenhaus stand der Felsen in der Sonne, und in seinen verborgenen Kammern lagen Tennisbälle, Buntstifte, Dominosteine, ja sogar ein ganz kleiner Teddybär, mit dem er früher, als er noch jünger war, immer ins Bett gegangen war.

Allmählich begann sich die Mutter zu wundern, daß seine bescheidene Habe immer mehr dahinschmolz.

»Wo läßt du nur deine Sachen, Junge?« fragte sie scheltend. »Du bist in letzter Zeit recht schlampig geworden.«

Er zuckte nur mit den Achseln und sagte nichts. Er liebte die Mutter sehr, aber die Sache mit dem Felsen hätte sie nicht verstanden. Sie hätte ihm befohlen, die Dinge wieder dahin zurückzubringen, wohin sie ihrer Meinung nach gehörten, und vielleicht hätte sie sogar gelacht, mit dem hohen, gluck-

senden Ton, den die Erwachsenen für den Ausdruck ihrer Überlegenheit hielten.
Einmal überraschte ihn ein Gewitter auf dem Felsen. Er legte sich flach auf den Boden und krallte die Finger in die dünne Kruste aus Moos und bröckelndem Sand. Der brüllende Donner rollte über seinen kleinen Körper hinweg, als ächzten die Räder eines schweren Wagens über ihm, und von den gegenüberliegenden Felsen sprang das Echo wie ein heimtückischer Bumerang zu ihm zurück. Blitze zuckten unter seinen geschlossenen Lidern hindurch bis in die Tiefe seines Bewußtseins, wo das Sehen aufhörte und das Ahnen begann. Regen trommelte auf seinem Rücken und seinem Nacken eine schmerzende Melodie, die Kleider saugten sich voll und schienen ihn mit ihrer Schwere in die Tiefe zu drängen. Es war schrecklich und schön zugleich.
Der Sommer ging zu Ende, als die fremde Frau auftauchte. Der Junge sah ihr helles Kleid schon von weitem durch die Bäume schimmern. Sie schlenderte langsam durch den Wald und bückte sich hin und wieder. Wahrscheinlich sammelte sie Pilze. Auf ziel- und richtungslosen Zickzackwegen näherte sie sich immer mehr dem Felsversteck.
»Lieber Gott, gib, daß sie den Eingang nicht findet!« betete der Junge, und sein Herz klopfte wild.
Die Frau drehte sich um, als habe sein Anruf sie erreicht. Sie war nicht mehr jung, vielleicht um die Fünfzig, und sie hatte ein gutes, ein wenig törichtes Gesicht. Dann wandte sie sich wieder ab, und der Junge sah, daß sie stutzte. Sie starrte auf eine bestimmte Stelle, genau dorthin, wo die Zweige abgebrochen waren und das Gestrüpp vom häufigen Hindurchschlüpfen zurückwich. Dann kroch sie gebückt durch die schmale Öffnung. Auf allen vieren und leise wie beim Indianerspiel robbte der Junge hinter ihr her, immer einen Abstand einhaltend.
Die Frau stand nun aufrecht auf dem kleinen Plateau und blickte hinüber auf den Zwillingsfelsen.
»Sie hat alles zerstört«, dachte der Junge ergrimmt, »es wird nie wieder so sein, wie es war.«

Er wußte nichts davon, daß er den kleinen, harten Felsbrokken aufgelesen hatte, der Stein lag plötzlich in seiner Hand. Seine Spitze bohrte sich in die kleine, weiche Handfläche und brannte wie Feuer.
Der Stein traf die Frau genau an der Schläfe. Sie warf beide Arme in die Luft und stürzte kopfüber in die Tiefe.
»Sie fliegt wie ein Vogel«, dachte der Junge erstaunt. Dann drehte er sich um und begann, so schnell er konnte, zu laufen.

16. Ingrid Würtenberger: Das behinderte Kind

Der neue Abenteuerspielplatz ist mit allem ausgestattet, was Phantasie und Bewegungsdrang im Spielalter anregen soll. Weißgeschälte Stämme zum Klettern, Rutschbahnen, federnde Gestelle aus Draht und Stricken sowie ausgediente Autoreifen sind Angebote für einzelne und Gruppen, die von überall hierherkommen. Manchmal sieht man auch Erwachsene in einiger Entfernung auf Bänken sitzen; zerstreut folgen sie der kreativen Unruhe auf dem Platz. Seit kurzem schwindet die Zahl der Besucher, der Lärm ist einer fast beklemmenden Ruhe gewichen. Was ist geschehen? Die paar Kinder, die sich sporadisch einfinden, konzentrieren sich weniger auf die Spiele als aufs Warten. Sie fühlen sich beobachtet und spähen. Und plötzlich steht es neben ihnen. Es hat sich aus einem der zahllosen Hochhäuser der Nachbarschaft entfernt. Es hat die Wohnungstür heimlich geöffnet und ist durchs Treppenhaus geschlichen. Verborgen zwischen parkenden Autos und halbhohen Grünanlagen, hat es sich überraschend schnell dorthin bewegt, wo es den winzigen Freiraum wittert, der ihm eher verwehrt als gestattet ist, wo seine versperrte Welt sich um ein geringes öffnet und die von seiner Umwelt unverstandenen Gefühle und Regungen, seine dämmernde Stumpfheit sich mitteilen wollen. Es zwängt seinen schweren Körper auf die Schaukel und stößt sich ab. Sein Schatten fällt auf die Spielenden, kehrt zurück zu der unförmigen Gestalt, flattert wie ein schwarzes Tuch hin und her. Die wässerigen Augen, farblos wie stark verdünnte Limonade, huschen ausdruckslos von Kind zu Kind. Unheimlich. Diese blicklosen Augen lähmen die Kinder, sie können sich nicht entziehen, sie starren zurück. Der Leerraum zwischen dem behinderten Kind und den übrigen füllt sich an mit Fremdheit, Panik, Abwehr. Die Kinder formieren sich, unbewußt erst, zu Gruppen. Sie zerren an der Schaukel, stoßen den trägen Körper aus dem Gleichgewicht und hören als Antwort unverständliche Laute. Es ist nicht die Sprache, mit der sie sich verständigen. Sie gehen zu Attacken wechselnder Strategie und Methode über und sind erfinderisch in ihrer Grausamkeit. Sie binden die schlaffen Gelenke des behinderten Kindes an die Schaukel, sie reißen an den dünnen, fahlen Haaren, erheben Spottgeschrei, Kieselsteine werden geworfen. Bewegungslos auf der Schaukel verharrt das gepeinigte Kind. Es hat Schrammen im Gesicht, eine schwach sickernde Wunde an der Stirn. Es sackt zusammen; furchterregendes Gurgeln schwemmt aus der gequälten Kreatur, aus dem menschlichen Wesen, das weder Freund noch Bruder sein kann. Die junge Meute rennt fort, Sieger, die sich beklommen zerstreuen. Am nächsten, übernächsten und den folgenden Tagen spielt sich das gleiche ab, in leichten Abwandlungen der Bösartigkeit. Dann aber geschieht etwas, man erfährt nicht, wie es sich zutrug. Das behinderte Kind zerreißt die Schnüre, mit denen es gebunden ist, zerbeißt und zerkratzt den Nächstbesten, wirft sich auf ihn, stößt seine plötzlich krallenartigen Finger in Augen, Nase, Mund und Ohren des Gegners, in all diese Sinnesorgane, die in ihm selbst nur wie wild verknäuelt reagieren. Und dann hebt es sich auf von seinem Opfer und wächst düster und massig über die andern. So steht es: ein unförmiges Mahnmal der Wehrlosen, einsam und stumm.

Es ist kein Unglück geschehen. Aber der Spielplatz ist sehr leer geworden. Das behinderte Kind hat einen magischen Kreis gezogen.

III. Hinweise für den Unterricht

1. Erfahrungen mit Außenseitern machen viele, wohl die meisten, vielleicht alle Menschen, auch und oft gerade in jungen Jahren. Sie sehen und erleben andere Menschen, die ein Außenseiterdasein führen (müssen), z. B. Behinderte, Nichtseßhafte, Drogenabhängige, Asylbewerber, Ausländer, Alte ... Andere sind nicht auf den ersten Blick als Außenseiter zu erkennen, z. B. Heimkinder, Einsame, Strafentlassene ...

Viele Menschen machen aber auch eigene Erfahrungen der Ausgrenzung über die oben genannten Möglichkeiten hinaus, z. B. als Dicke, als Angehörige bestimmter sozialer Schichten oder aus weniger offensichtlichen, auch überwiegend in der Person liegenden Gründen. Außenseitertum kann begrenzt sein, an bestimmte Konstellationen gebunden, mit bestimmten Umständen verknüpft, in situativen Kontexten jeweils aktuell, z. B. in einer Schulklasse, einer Peer-group, einem Verein.

Die Beschäftigung mit literarischen Darstellungen von Außenseitern läßt eine doppelte didaktische Lernzielrichtung zu. Die literarischen Modelle können helfen, Außenseiter von den Ursachen und Problemen her differenzierter zu sehen, sie (besser) zu verstehen und dadurch vielleicht sogar Ziele und Wege zur Veränderung ihrer Situation sichtbar zu machen.

Der Leser kann durch die erzählten Modellfälle aber auch eventuelle Außenseiter-Aspekte bei sich selbst sensibler wahrnehmen, differenzierter reflektieren und ebenfalls Möglichkeiten veränderter Lebensgestaltung ausfindig machen.

Die Auseinandersetzung mit den in den Texten gestalteten Aspekten der Thematik kann hauptsächlich auf zwei Weisen eingeleitet werden.

1.1. Man kann von den Erfahrungen der Schüler (auch der Lehrenden) ausgehen, die zufällig oder bei bestimmten Anlässen mitgeteilt oder absichtlich zur Sprache gebracht werden. Das Erfahrungsmaterial läßt sich strukturieren, Gesichtspunkten zuordnen.
Zu dem so gewonnenen Themen- und Problemkatalog werden entsprechende Texte/Textsequenzen aufgesucht (dabei können die Kurzbeschreibungen in der Einleitung hilfreich sein). Deren Analyse kann die Erfahrungs-Sachverhalte klären helfen: Zwischen eigener und literarisch vermittelter Erfahrung gibt es Berührungspunkte, Übereinstimmungen oder Gegensätze. Bei diesem Verfahren werden die Texte vorwiegend als literarische Modellfälle gelesen, die den Real-Fällen der Leser Sprache verleihen, aber auch Widerspruch artikulieren helfen können. Erhellend wirken die Texte auch dadurch, daß sie eine distanzierte Betrachtung von Sachverhalten ermöglichen. Die Distanz zum erzählten Fall schafft Abstand zur eigenen Erfahrung, was den Blick schärfen und die Wirklichkeit freier bewältigen helfen kann.

1.2. Bei gleicher Zielsetzung kann der Arbeitsgang von der Textkenntnis ausgehen (Vorlesen, Erlesen in der Schule, häusliche Lektüre). Aus der Analyse mehrerer oder aller Texte läßt sich ebenfalls ein Bestand von Themen und Problemen erarbeiten. Zu diesen literarischen Modellsituationen können wiederum die eigenen Erfahrungen in Beziehung gesetzt werden. Wie bei 1.1. sind auch mit diesem Verfahren erhellende und klärende Wirkungen für die eigene Lebenssituation verbunden.
Selbstverständlich sollten Beziehungen zwischen der Leser-Realität und den erzählten Modellen niemals erzwungen werden. Gespräche und Überlegungen können auf der Modell-Ebene bleiben und mögliche Transferleistungen dem einzelnen überlassen. Für den Umgang mit den Texten nennen die Arbeitsvorschläge (IV) einige Themen- und Darstellungsaspekte.

2. Die Beschäftigung mit den Außenseiter-Geschichten bietet Möglichkeiten, das Thema weiter – auch fächerübergreifend und projektorientiert – zu vertiefen und zu entfalten.

2.1. Erscheinungsweisen und Probleme von Außenseitertum werden aus der Sicht verschiedener Wissenschaften (Schulfächer) betrachtet: Psychologie, Soziologie, Pädagogik, Theologie ... Als Informationsquellen unterschiedlicher Art bieten sich an: wissenschaftliche Darstellungen, Sachbücher, publizistische Texte (Berichte, Reportagen, Interviews u. a.). Damit verbinden läßt sich die Nutzung gängiger Informationsmöglichkeiten: Lexika, schulische, öffentliche, wissenschaftliche Bibliotheken.

2.2. Aufschlußreich ist es, nicht nur Geschichten dieser Sammlung in Sequenzen zu verknüpfen, miteinander in Beziehung zu setzen, sondern auch auf andere und vor allem größere literarische Texte zu beziehen: Kinder- und Jugendbücher, Erzählungen, Novellen, Romane, (Auto-)Biographien, Dramen, Hörspiele, Fernsehspiele. In einem arbeitsteiligen Verfahren können solche Werke von einzelnen Lesern referiert und in thematisch besonders wichtigen Passagen vorgestellt werden. Nachfragen und Erläuterungen fördern Gespräche über literarische Werke, für die Interesse geweckt oder vertieft werden kann.

2.3. Im Begründungszusammenhang eines handlungs- und produktionsorientierten (Deutsch-)Unterrichts bieten sich auch Aktivitäten an, welche die in den vorliegenden Texten entfaltete Thematik selber gestalten, verändern, variieren. Das kann im Zusammenhang der Geschichten geschehen durch deren Veränderung, durch Weiterführungen, z. B. durch Briefe an Figuren in den Texten.
Besonders reizvoll und ertragreich ist es, erzählende Texte in andere Textsorten umzuschreiben, etwa in Hörspiel- und (Fernseh-)Film-Szenen. Solche Transformationen haben den doppelten Effekt, daß die Sachverhalte und Problemaspekte

genau erkannt werden müssen und die spezifischen Ausdrucks- und Mitteilungsmöglichkeiten der jeweiligen Textsorten in den Blick kommen (Dialoge, Geräusche, ins Bild gesetzte Aktionen, Einstellungen, Szenenwechsel u. a.). Abgelöst von den vorgegebenen Texten kann das Thema aber auch in eigenen Aktivitäten aufgegriffen werden, etwa durch Befragungen anderer nach ihren Erfahrungen mit Außenseitern, durch entsprechende Schreibversuche (Skizzen, kurze Erzählungen, Szenen, Gedichte; journalistische Texte: Berichte, Reportagen u. a.). Ob und wieweit ein Schreiber sich zu diesem Thema selbst mitteilen will, muß selbstverständlich ihm überlassen bleiben.

IV. Arbeitsvorschläge

Im folgenden werden einige Aspekte genannt, die die Texte in unterschiedlicher Weise bestimmen. Diese Gesichtspunkte können als Fragen, Impulse, Hinweise die Arbeit der Analyse und Interpretation der Texte fördern und akzentuieren. Nach dem Erkenntnisinteresse einer solchen Textsammlung stehen die thematischen Aspekte im Vordergrund. Die textspezifischen Elemente der sprachlich-erzählerischen Vermittlung dürfen jedoch nicht aus dem Blick geraten, weil ja die Qualität eines Textes sich gerade in der Art und Weise zu erkennen gibt, in der das Thema sprachlich formuliert und erzählerisch gestaltet ist.
Besonders aufschlußreich ist die Arbeit mit Textsequenzen. Der Vergleich läßt Gemeinsames, Variationen und Unterschiede klarer erkennen.

1. Thematische Aspekte

1.1. Außenseitertum, Isolierung und Ausgrenzung im Alter: Brecht (3), Christian Marti (6), z. T. Böll (4).
1.2. Aggressivität und Gewalt gegen Behinderte: Schädlich (7), Weißenborn (11), Würtenberger (16).
1.3. Intellektuelles Außenseitertum und Aspekte des Sonderlings: Christian Marti (6), Kurt Marti (8).
1.4. Ausgrenzung und Isolierung aus ideologischen, rassischen Vorurteilsgründen: Frisch (2), Kleberger (14).
1.5. Straffälligkeit und Resozialisierung: Rhein (10).
1.6. Die Nord-Süd-Spannung / Armut der Dritten Welt: Ingebrand (9), Posavec (13).
1.7. Absonderung und Schuld im Entwicklungsprozeß: Kubelka (15).
1.8. Das unscheinbare Kind am Rande der Gruppe: Wölfel (5).
1.9. Ausländer, Identität und Integration: Denizeri (12), Posavec (13).

1.10. Vorurteil, Sündenbock, Stigmatisierung in Familie und Gesellschaft: Frisch (2), Böll (4), Kleberger (14).

1.11. Der (Schul-)Versager: Zweig (1).

1.12. Der Versuch, sich gesellschaftlichen Normen und Lebensformen zu entziehen: Böll (4), Kurt Marti (8).

1.13. Der Außenseiter als besserer Mensch und Opfer der Gesellschaft: Schädlich (7), Weißenborn (11).

2. Darstellungsaspekte

2.1. Auktorial erzählte Geschichten: Zweig (1), Frisch (2), Wölfel (5), Schädlich (7), Weißenborn (11), Denizeri (12), Posavec (13), Kubelka (15), Würtenberger (16).

2.2. Ich-Erzählungen: Böll (4), Brecht (3), Christian Marti (6), Rhein (10), Kurt Marti (8), Kleberger (14).

2.3. Leser-Anrede / innerer Monolog: Ingebrand (9).

V. Autoren- und Quellenverzeichnis

HEINRICH BÖLL

Geb. 21. 12. 1917 in Köln. Aus katholisch geprägtem Elternhaus. Nach dem Abitur im Buchhandel tätig. Im Zweiten Weltkrieg sechs Jahre lang Soldat. Veröffentlichte seit 1947 Kurzgeschichten, Erzählungen, Romane, Hör- und Fernsehspiele, Gedichte, Essays. 1972 mit dem Nobelpreis für Literatur ausgezeichnet. Gest. 16. 7. 1985. – *Die schwarzen Schafe.* Aus: H. B., Werke. Hrsg. von Bernd Balzer. Romane und Erzählungen I: 1947–1952. Bornheim-Merten: Lamuv Verlag u. Köln: Kiepenheuer & Witsch 1987. S. 620–629.

BERTOLT BRECHT

Geb. 10. 2. 1898 in Augsburg. Studium der Medizin. Dramaturg. Beschäftigung mit dem dialektischen Materialismus. Von 1933 bis 1948 im Exil. Gründete 1949 das »Berliner Ensemble«. Gest. 14. 8. 1956 in Berlin. Erzählungen, Kalendergeschichten, Romane, Gedichte, Stücke, Hörspiele, Filme. – *Die unwürdige Greisin.* Aus: B. B., Gesammelte Werke in acht Bänden. Prosa I. Frankfurt a. M.: Suhrkamp 1967. S. 315–320.

BIROL DENIZERI

Geb. 1964 in der Türkei, 1977 zu seinen Eltern nach Fürth gekommen. Studium der Medizin. – *Das verlorene Gesicht.* Aus: Irmgard Ackermann (Hrsg.), In zwei Sprachen leben. Berichte, Erzählungen, Gedichte von Ausländern. München: Deutscher Taschenbuch Verlag 1983. (dtv 11579.) S. 18 bis 20.

MAX FRISCH

Geb. 15. 5. 1911 in Zürich. Architekt, auch Zeichner und Maler; viele Reisen. Gest. 4. 4. 1991 in Zürich. Romane, Erzählungen, Tagebücher, Dramen, Hörspiele, Essays. – *Der andorranische Jude.* Aus: M. F., Tagebuch 1946–1949. In:

M. F., Gesammelte Werke in zeitlicher Folge. 6 Bde. Hrsg. von Hans Mayer unter Mitw. von Walter Schmitz. Bd. 2: 1944 bis 1949. Frankfurt a. M.: Suhrkamp 1976. S. 372–374.

HANS INGEBRAND

Zu Biographie und Werk waren keine Angaben zu ermitteln. *Nimm mich auf.* Aus: reutlinger drucke 14 (Mai 1979).

ILSE KLEBERGER

Geb. 22. 3. 1921 in Potsdam. 1950–77 Ärztin in Berlin. Freie Schriftstellerin. Kinder- und Jugendbücher, Novellen, Kurzgeschichten, Sachbücher, Gedichte. – *Jacob.* Aus: Irma Hildebrandt / Eva Zeller (Hrsg.), Das Kind, in dem ich stak. Gedichte und Geschichten über die Kindheit. Frankfurt a. M.: Fischer Taschenbuch Verlag 1991. (Fischer Taschenbuch 10429.) S. 100–107.

MARGARETE KUBELKA (Pseudonym für: Margarete Kröhnke)

Geb. 14. 9. 1923 in Haida (Nordböhmen). Studierte Germanistik und Latein. Seit 1951 freie Schriftstellerin in Darmstadt. Romane, Erzählungen, Kinderbücher, Hörspiele, Lyrik. – *Der Felsen.* Aus: Irma Hildebrandt / Eva Zeller (Hrsg.), Das Kind, in dem ich stak. Gedichte und Geschichten über die Kindheit. Frankfurt a. M.: Fischer Taschenbuch Verlag 1991. (Fischer Taschenbuch 10429.) S. 114–116.

CHRISTIAN MARTI

Geb. 1952 in Mühleberg (Schweiz), lebt dort. – *Nachruf auf einen (zu wenig) berühmten Mathematiker.* Aus: Junge Schweizer erzählen. Kurzgeschichten junger Schweizer Autoren. Zürich: Schweizer Verlagshaus 1971. S. 53–56.

KURT MARTI

Geb. 31. 1. 1921 in Bern. Studierte Jura und Theologie. 1961–83 Pfarrer in Bern. Erzählungen, Gedichte, Essays. –

Ein seltener Vogel. Aus: K. M., Für eine Welt ohne Angst. Berichte, Geschichten, Gedichte. Wuppertal: Hammer 1985. S. 40–45.

MOJCA POSAVEC

Geb. 1967 in Jugoslawien. Kam 1970 zu ihren Eltern nach Deutschland, 1986 durch Heirat nach England. Übersetzerin. Veröffentlichungen in jugoslawischer, deutscher und englischer Sprache. – *Mustafa. Eine authentische Geschichte.* Aus: Irmgard Ackermann (Hrsg.), In zwei Sprachen leben. Berichte, Erzählungen, Gedichte von Ausländern. München: Deutscher Taschenbuch Verlag 1983. (dtv 11579.) S. 116 bis 119.

INA RHEIN (Pseudonym für: Brigitte von Streit)

Geb. 1934 im Rheinland, lebt bei Mannheim. Schriftstellerin und Malerin. Kurzgeschichten, Erzählungen, Novellen, Essays, auch Lyrik; vorwiegend in Tageszeitungen und Zeitschriften. – *Der Mann vor der Tür.* Aus: reutlinger drucke 14 (November 1979).

HANS JOACHIM SCHÄDLICH

Geb. 8. 10. 1935 in Reichenbach (Vogtland). Studierte Germanistik, von 1959 bis 1976 an der Ostberliner Akademie der Wissenschaft tätig, dann freier Übersetzer. Verließ 1976 die DDR. Freier Schriftsteller in Berlin. Erzählungen, Kinderbuch. – *Nirgend ein Ort.* Aus: H. J. S., Versuchte Nähe. Prosa. Reinbek bei Hamburg: Rowohlt 1977. S. 54–57.

THEODOR WEISSENBORN

Geb. 22. 7. 1933 in Düsseldorf. Studierte Kunstpädagogik, Philosophie, Germanistik und Romanistik, dann medizinische Psychologie und Psychiatrie. Freier Schriftsteller. Romane, Erzählungen, Jugendbücher, Monologe, Hörspiele, Lyrik. – *Die Welt im Haigerloh.* Aus: T. W., Das steinerne Meer. Stuttgart: Verlag Urachhaus 1986. S. 91–100.

URSULA WÖLFEL

Geb. 18. 9. 1922 in Duisburg-Hamborn. Studierte Germanistik und Pädagogik. Sonderschullehrerin. Seit 1959 freie Schriftstellerin in Neunkirchen (Odenwald). Kinderbücher, Geschichten. – *Hannes fehlt.* Aus: U. W., Die grauen und die grünen Felder. Wahre Geschichten. Mülheim a. d. Ruhr: Anrich 1970. S. 29–31.

INGRID WÜRTENBERGER

Geb. 27. 4. 1921 in Weener (Niedersachsen). Studium der Rechtswissenschaft. Lebt in Freiburg i. Br. Lyrik und Kurzprosa. – *Das behinderte Kind.* Aus: Irma Hildebrandt / Eva Zeller (Hrsg.), Das Kind, in dem ich stak. Gedichte und Geschichten über die Kindheit. Frankfurt a. M.: Fischer Taschenbuch Verlag 1991. (Fischer Taschenbuch 10429.) S. 191 f.

STEFAN ZWEIG

Geb. 28. 11. 1881 in Wien. Studierte Romanistik, Philosophie und Germanistik. Viele Reisen. Emigration in England und Brasilien. Freitod 23. 2. 1942 bei Rio de Janeiro. Romane, Erzählungen, Briefwechsel, Übersetzungen. – *Ein Verbummelter.* Aus: S. Z., Der Amokläufer. Erzählungen. In: Gesammelte Werke in Einzelbänden. Frankfurt a. M.: S. Fischer 1981. S. 63–69. Erstdruck in: Das Magazin für die Literatur des In- und Auslandes. Berlin 1901.

VI. Literaturhinweise

Bergmann, Klaus: Lebensgeschichte als Appell. Autobiographische Schriften der »kleinen Leute« und Außenseiter. Opladen: Westdeutscher Verlag 1990.

Buchkremer, Hansjosef: Verständnis für Außenseiter. Identifikationsbarrieren und ihre Überwindung. Stuttgart: Kohlhammer 1977.

Dahrendorf, Malte: Soziologische Aspekte der Kinder- und Jugendliteratur. In: Jugendliteratur und gesellschaftliche Wirklichkeit. Bad Heilbrunn: Klinkhardt 1974. S. 27–52. (2. Jahrbuch des Arbeitskreises für Jugendliteratur.)

Dahrendorf, Malte: Problemorientierte Jugendbücher in der Bundesrepublik Deutschland. In: Hans Gärtner (Hrsg.), Jugendliteratur im Sozialisationsprozeß. Bad Heilbrunn: Klinkhardt 1978. S. 65–79. (4. Jahrbuch des Arbeitskreises für Jugendliteratur.)

Dinges, Ottilie: Kinder am Rand der Gruppe – Außenseiter im Bilderbuch. In: Informationen des Arbeitskreises für Jugendliteratur. Beiheft 1982. S. 68–82.

Doderer, Klaus: Das Interesse der Kinderliteratur an den Randfiguren der menschlichen Gesellschaft. In: Karl Ernst Maier (Hrsg.), Historische Aspekte der Jugendliteratur. Stuttgart: Thienemann 1974. S. 121–127.

Ewers, Hans-Heino: Zwischen Problemliteratur und Adoleszenzroman. Aktuelle Tendenzen der Belletristik für Jugendliche und junge Erwachsene. In: Informationen des Arbeitskreises für Jugendliteratur 1989. Heft 2. S. 5–23.

Freese, Peter: Die Initiationsreise. Studien zum jugendlichen Helden im modernen amerikanischen Roman. Neumünster: Wachholtz 1971.

Freund, Winfried: Der Außenseiter »Friedrich Mergel«. Eine sozial-psychologische Studie zur Judenbuche von Annette von Droste-Hülshoff. In: Zeitschrift für deutsche Philologie 99 (1980). Sonderheft Annette von Droste-Hülshoff. S. 110–118.

Grenz, Dagmar: Jugendliteratur und Adoleszenzroman. In: Hans-Heino Ewers / Maria Lypp / Ulrich Nassen (Hrsg.), Kinderliteratur und Moderne. Ästhetische Herausforderungen der Kinderliteratur im 20. Jahrhundert. Weinheim: Juventa Verlag 1990. S. 197–211.

Grotzer, Peter: Die zweite Geburt. Figuren des Jugendlichen in der Literatur des 20. Jahrhunderts. 2 Bde. Zürich: Ammann 1991.

Hartfiel, Günter / Karl-Heinz Hillmann: Wörterbuch der Soziologie. Stuttgart: Kröner ^{4}1993.

Helsper, Werner: Jugendliche Außenseiter. Opladen: Westdeutscher Verlag 1991.

Hermanni, Anneliese von: Adoleszenz und Identität als Romanthemen. In: Fundevogel 1984. Heft 4/5. S. 33–36.

Kaminski, Winfred: Jugendliteratur und Revolte. Jugendprotest und seine Spiegelung in der Literatur für junge Leser. Frankfurt a. M.: dipa-Verlag 1982.

Karst, Theodor / Renate Overbeck / Reinbert Tabbert: Kindheit in der modernen Literatur. 2 Bde. Kronberg i. Ts.: Scriptor Verlag 1976/77.

Karst, Theodor (Hrsg.): Geschichten vom Erwachsenwerden. Stuttgart: Reclam 1987. (Arbeitstexte für den Unterricht. Reclams UB Nr. 9598.)

Klausner, Ute: Nicht nur Pienek ist anders! Außenseiter der Gesellschaft = Randgruppen in der Kinderliteratur? In: Der Deutschunterricht 26 (1974) Heft 5. S. 48–54.

Koyama, Yoko: Außenseiterproblematik in der deutschen und japanischen Kinderliteratur unter besonderer Berücksichtigung der Werke von Peter Härtling und Haitani Kenjiro. Frankfurt a. M.: Lang 1992.

Krüger, Anna: Die erzählende Kinder- und Jugendliteratur im Wandel. Frankfurt a. M.: Diesterweg/Sauerländer 1980.

Lüthi, Max: Gebrechliche und Behinderte im Volksmärchen. In: M. L., Volksliteratur und Hochliteratur. Bern u. München: Francke 1970. S. 48–62.

Mattenklott, Gundel: Fremde Kinder im Kinderbuch. In: JuLit. Informationen des Arbeitskreises für Jugendliteratur 1992. Heft 2. S. 72–85.

Mayer, Hans: Außenseiter. Frankfurt a. M.: Suhrkamp 1975. (suhrkamp taschenbuch 1981.)

Meyer, Herman: Der Sonderling in der deutschen Dichtung. München: Hanser 1963. Frankfurt a. M.: Fischer Taschenbuch Verlag 1990. (Fischer Taschenbuch 6952.)

Neubert, Brigitte: Der Außenseiter im deutschen Roman nach 1945. Bonn: Grundmann 1977.

Richter, Dieter: Das fremde Kind. Zur Entstehung der Kindheitsbilder des bürgerlichen Zeitalters. Frankfurt a. M.: S. Fischer 1987.

Scheiner, Peter: Was kann der dicke Eddy nur tun? oder Außenseitermotive in der deutschen Jugendliteratur. In: Informationen des Arbeitskreises für Jugendliteratur. Beiheft 1982. S. 83–103.

Steffe, Albert Martin: Kurzgeschichten zum Thema Außenseiter. Vorschlag für eine Unterrichtsreihe. In: Der Deutschunterricht 35 (1983) Heft 5. S. 103 bis 105.

Wittkower, Margot u. Rudolf: Künstler, Außenseiter der Gesellschaft. Stuttgart: Klett-Cotta 1989.

Zimmermann, Rosemarie: Behinderte in der Kinder- und Jugendliteratur. Berlin: Spieß 1982.